GOUVERNEMENT GÉNÉRAL DE L'ALGÉRIE.

RECUEIL

DES VOEUX D'INTÉRÊT GÉNÉRAL

EXPRIMÉS

PAR LES CONSEILS GÉNÉRAUX

DES

TROIS PROVINCES DE L'ALGÉRIE

DANS LA SESSION DE 1869.

PARIS.

IMPRIMERIE IMPÉRIALE.

1870.

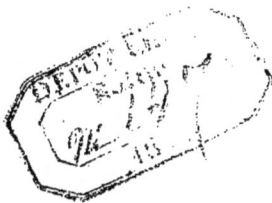

GOUVERNEMENT GÉNÉRAL DE L'ALGÉRIE.

RECUEIL

DES VOEUX D'INTÉRÊT GÉNÉRAL

EXPRIMÉS

PAR LES CONSEILS GÉNÉRAUX

DES

TROIS PROVINCES DE L'ALGÉRIE

DANS LA SESSION DE 1869.

GOUVERNEMENT GÉNÉRAL DE L'ALGÉRIE.

RECUEIL

DES VOEUX D'INTÉRÊT GÉNÉRAL

EXPRIMÉS

PAR LES CONSEILS GÉNÉRAUX

DES

TROIS PROVINCES DE L'ALGÉRIE

DANS LA SESSION DE 1869.

PARIS.

IMPRIMERIE IMPÉRIALE.

1870.

TABLE ANALYTIQUE DES VOEUX.

CONSEIL GÉNÉRAL

DE LA PROVINCE D'ALGER.

CONSEIL GÉNÉRAL

DE LA PROVINCE D'ALGER.

Vœu émis simultanément par les trois commissions au sujet du projet de Constitution de l'Algérie.

Ce vœu a été formulé dans les termes suivants, par les trois commissions :

En présence de la Constitution qui se prépare, la Commission a pensé qu'elle devait, dès l'ouverture du conseil général, exprimer le vœu que cette Constitution ne soit pas faite sans que l'Algérie soit consultée.

A ce vœu ont été joints les suivants :

Vœu pour l'extension progressive et continue du territoire civil dans le Tell;

Vœu pour que, sous toutes les réserves comprises dans les capitulations, la grande Kabylie soit déclarée, en principe, territoire civil et ressortissant, au criminel, de la cour impériale d'Alger;

Vœu pour que l'Algérie soit appelée à élire des députés au Corps législatif;

Vœu pour la nomination à l'élection des conseils généraux et l'élection du bureau par le conseil;

Vœu pour que le nombre des délégués au Conseil supérieur soit augmenté.

M. le Rapporteur s'exprime ainsi :

Messieurs,

M. le Ministre de la guerre, dans un rapport du 5 mai 1869, publié seulement le 3 juin dans le *Journal officiel*, rappelle qu'aux termes de l'article 27 de la Constitution de l'Empire, le Sénat doit régler la constitution de l'Algérie. « Il pense que le moment est venu de poursuivre « l'œuvre constitutionnelle commencée par les sénatus-consultes des « 22 avril 1863 et 14 avril 1865, » et propose, en conséquence, la nomination d'une commission, « chargée d'examiner toutes les questions « fondamentales touchant à la constitution de l'Algérie, et dont le tra- « vail serait soumis au Sénat au début de la session prochaine. »

Au moment où le rapport était publié, la Commission avait déjà fonctionné et les noms des membres qui la composaient étaient connus.

Nous ne faisons aucune difficulté de le reconnaître : « Les membres « de cette Commission étaient choisis parmi les hommes qui ont consa- « cré de longues années à l'étude des questions économiques, et dont « le mérite s'était révélé, soit par des écrits remarquables, soit par « d'éclatants services. » (*Régime du sabre. —* Brochure, septembre 1869.)

Et cependant, dès que le fait a été connu, il a provoqué des critiques diverses.

Ces critiques ont-elles été inspirées par la passion politique pour irriter le débat?

S'il en était ainsi, nous le déclarons, hautement, nous les répudierions. Dans la situation actuelle, comme toujours, nous en appelons « à la raison, à la justice, à la bonne foi ! »

Sous l'empire de ces sentiments, voici ce que nous venons déclarer avec franchise et loyauté au Gouvernement.

La composition de la Commission, pourquoi ne le dirions-nous pas? n'a pas satisfait le pays. Aucun membre des conseils divers de l'Algérie, aucun colon algérien, aucun de nos concitoyens connus par leurs études et leurs travaux, n'est appelé à délibérer. L'honorable député même, que l'Empereur a chargé de présider l'enquête agricole, œuvre loyale et sérieuse, n'a point été appelé à en faire partie.

Son rapport, si impatiemment attendu, n'est point publié. Et ce document doit certainement résumer et éclairer la situation.

Cela dit, examinons au fond.

Une constitution, c'est la loi fondamentale d'un État, celle qui détermine les attributions et les limites des pouvoirs, et, en même temps, les droits politiques et individuels des citoyens. C'est, en un mot, l'ensemble des principes constitutifs d'une société.

A ce point de vue général, une constitution particulière pour l'Algérie n'est pas nécessaire.

L'Algérie est une terre française; elle fait partie intégrante de l'Empire; à ce titre, nous avons droit à toutes les libertés garanties par les constitutions et les lois de la mère patrie.

Ces droits primordiaux ne peuvent être ni discutés ni contestés. L'Algérie n'est que la continuation de la France. C'est donc la Constitution française qui doit régir l'Algérie.

Or, c'est en présence de ces convictions, en présence de ce sentiment national qui nous anime tous, que nous entendons parler d'une constitution spéciale, dont le programme nous reste inconnu.

Nos préoccupations sont légitimes et on doit les comprendre. Elles ont leur source dans la conscience de notre dignité de citoyen français.

Qui donc pourrait nous en blâmer? Une constitution, c'est la consécration de certains principes fondamentaux. C'est, par conséquent, quelque chose, sinon d'éternel et d'immuable, au moins de fixe et de permanent pour un long temps.

Et c'est pourquoi le projet de doter l'Algérie d'une constitution particulière a éveillé des inquiétudes.

Oui, disons-le nettement, nous craignons que ce projet, ainsi que l'a exprimé notre honorable président, « n'implique l'intention et la « volonté de maintenir le pays sous un régime d'exception contre lequel « il ne cesse de réclamer depuis trente ans! »

Une constitution, c'est plus qu'une loi : c'est la loi des lois qui n'en sont que l'application et la sanction.

Une loi peut être mobile, il n'en est pas tout à fait de même d'une constitution. — N'avons-nous pas, dès lors, à redouter qu'une fois emprisonnés dans un cadre exceptionnel, il nous soit mal aisé d'en sortir?

Et, cependant, on le sait, il n'existe pas dans le cœur des Algériens d'aspirations plus ardentes que celles qui tendent à l'assimilation avec la mère patrie.

Qui oserait en contester la légitimité ? Alors que les pouvoirs publics eux-mêmes proclament chaque jour que c'est là le but à atteindre.

L'exception serait le principe proclamé, alors que, sauf les modifications que réclame l'état du pays, c'est le droit commun qui doit être la règle.

Mais pourquoi ces craintes, et comment sont-elles justifiées ?

D'abord, par l'inconnu ; car nous ignorons même quelles sont les matières précises qui doivent constituer l'œuvre dévolue à la Commission.

Une constitution se comprendrait encore s'il s'agissait d'organiser l'autonomie de l'Algérie, comme les Anglais ont organisé celle du Canada ou de l'Australie, comme les Américains l'ont fait dans leurs divers États.

Veut-on instituer un parlement colonial et une administration algérienne ? Veut-on que le pays fasse ses lois spéciales et s'administre lui-même ? que la métropole n'intervienne que par la nomination du Gouverneur, pour la défense du territoire ? Qu'on s'explique ; alors nous admettrons la nécessité d'une constitution.

Mais il n'en est pas ainsi. La race française a l'instinct unitaire. L'Algérie, à quarante heures de la France, ne vise qu'à l'assimilation en principe. Dans cette situation, elle s'accommode mal du caractère constitutif d'un sénatus-consulte.

Il lui faut un système de lois qui permette de satisfaire progressivement aux besoins successifs du pays.

Voilà pourquoi elle proteste contre le projet qui consisterait à l'enfermer constitutionnellement dans un statut colonial particulier.

Mais, dans tous les cas, il est un principe de droit public, plus ancien qu'on ne le croit généralement, et auquel l'Empereur a donné la consécration la plus éclatante, à savoir : que c'est le consentement du peuple qui fait la constitution.

C'est en présence de ce principe que nous exprimons le vœu que l'Algérie soit consultée.

« Pour faire une part équitable aux revendications légitimes qui s'ins- « pirent véritablement de l'intérêt général, il faut connaître à fond « le pays. » (*Régime du sabre.*)

Le publiciste que nous citons a raison; mais, qui peut connaître plus à fond le pays que les hommes qui ont en Algérie fortune et famille.

Ces hommes sont dignes d'être consultés, car ils ont fait de la terre d'Algérie leur terre par le travail et le courage. Leurs enfants y naissent, leurs pères y reposent. C'est bien la patrie pour eux.

« Et la patrie tout entière, elle leur a été promise par l'Empereur lui-même, afin, disait-il, que leur exemple soit suivi, et que de nouvelles populations viennent se fixer sur ce sol à jamais français. » Discours de 1860.)

C'est donc au nom même de la parole impériale que nous nous croyons fondés à réclamer le droit commun, et, comme première application, le droit d'être entendus.

Les conseils généraux, les chambres consultatives d'agriculture, les chambres de commerce, les populations convoquées éliront des délégués capables « de faire entendre avec autorité la voix du pays, d'en exprimer les besoins et les vœux, d'en défendre les intérêts et de démontrer que l'Algérie est digne de tous les droits, comme elle est capable de tous les devoirs. »

Les Romains, « là où ils avaient vaincu, ils se fixaient à demeure » et ils y conservaient le titre de citoyens. On sait l'histoire de ce Romain qui, crucifié en Sicile par l'ordre du proconsul, protestait contre l'infamie de ce genre de supplice réservé aux esclaves, en s'écriant : *Civis sum romanus.*

C'est que, Messieurs, les colonies, filles de la patrie, doivent être l'image de leur mère.

C'est guidés par ces hautes considérations que nous venons vous demander d'admettre le vœu proposé.

Le concours simultané des trois commissions qui l'ont présenté lui donne une importance et une autorité incontestables, en même temps qu'il en démontre la légitimité.

Que si, cependant, il n'était point fait droit à nos justes réclamations, nous serait-il interdit d'exprimer notre opinion sur les questions que nous présumons devoir être soumises à la Commission? Évidemment non.

Ces questions, nous ne les connaissons qu'officieusement par l'énumération qu'en a donné le *Moniteur de l'Algérie*.

Si nous nous en rapportons à ce journal, la Commission aurait à déterminer et à régler :

L'organisation du pouvoir administratif;

La division des territoires;

L'exercice des droits politiques;

La propriété individuelle dans les terres arch;

L'organisation judiciaire;

L'institution du jury;

Le service dans les armées;

La presse;

Les mariages mixtes;

Les impôts;

L'instruction publique.

A la lecture de ces questions, une observation se présente à l'esprit: à savoir, que la plus grande partie, peut-être, des matières que nous venons d'énumérer ne semble point présenter le caractère de principe qu'une constitution a pour objet de consacrer.

« Une constitution a pour caractère essentiel la stabilité et ne doit « statuer que sur des faits permanents. »

Certaines questions ne sont pas du domaine constitutionnel, mais bien du domaine de la loi.

Ce serait là le premier point à rechercher, et ce ne serait pas sans intérêt; car de là découle la conséquence que si certaines matières peuvent être de la compétence du Sénat, quelques autres rentrent dans la compétence des pouvoirs chargés de formuler les lois et les décrets.

Quoi qu'il en soit, on peut apprécier la gravité des questions posées.

La première a trait à l'organisation du pouvoir administratif.

Avant de la toucher, il convient de la désintéresser d'abord de certaines objections préalables qui, d'habitude, sont présentées, à ce sujet, avec plus ou moins de bonne foi.

L'armée ! Qui de nous songerait à nier sa grande œuvre en Algérie? Ouvrière de la première heure, sa gloire en ce pays est aussi grande dans les travaux de la paix que dans les triomphes de la guerre.

Et nos gouverneurs généraux! Qui de nous, ingratitude ridicule, pourrait oublier Bugeaud, Pelissier, Randon? Qui de nous songerait à attaquer la haute personnalité de l'illustre maréchal qui nous gouverne? Mais, au-dessus des hommes, quelque élevés qu'ils soient, dominent les principes.

Or, il est dans la nature des choses que l'élément civil remplace, dans un temps donné, l'élément militaire.

Cette vérité n'a jamais été méconnue; elle est attestée par les actes mêmes du Gouvernement, par toute l'histoire de l'Algérie.

L'application du principe n'est, dès lors, qu'une question d'opportunité.

Aujourd'hui, comme depuis longtemps, le Tell jouit de la paix la plus complète; quelques rébellions fomentées par des marabouts turbulents, et isolées sur nos extrêmes frontières, n'ont pas eu le pouvoir de troubler la sécurité de notre domination. « La situation poli-« tique est excellente, » nous atteste le très-honorable général commandant la province; « la tranquillité est parfaite sur tous les points. »

Les mesures appliquées aux territoires arabes en vertu du sénatus-consulte ont éclairé les obscurités de la propriété indigène.

L'organisation des communes et le droit d'élection des conseils municipaux a grandi, à juste titre, l'habitant des territoires civils.

On comprend, dès lors, et c'est logique, que les aspirations vers un régime civil soient devenues plus vives.

Après avoir passé par le régime militaire mixte, sous le gouvernement du maréchal Pelissier, on a cru devoir revenir au régime militaire pur.

Le maréchal gouverneur a sous ses ordres trois généraux de division qui commandent dans les trois provinces, à la fois, aux agents civils et aux agents militaires des deux territoires.

C'est en présence de ce système qu'un projet de constitution est mis à l'étude. Il n'y a rien d'étonnant, il faut le dire, à voir se poser la question de la substitution, en tout ou en partie, du gouvernement civil au gouvernement militaire.

Nous n'avons pas mission de traiter ici ces questions sérieuses ; mais nous avons voulu seulement démontrer que c'est la nature et la force des choses, et non un fâcheux esprit d'hostilité systématique, qui provoquent ces discussions.

Ceci posé et, en principe, nous n'hésitons pas à le dire : c'est le régime civil que nous appelons de nos vœux.

Les questions algériennes sont aujourd'hui des questions économiques, sociales et légales, plutôt que des questions de force matérielle et de domination. Il faut amener les indigènes à nos règles et à nos lois civiles. Ils arrivent à nous par la justice, il faut qu'ils y arrivent par l'administration commune.

Est-ce à dire, pour cela, que l'armée ne nous est pas nécessaire. Évidemment non. Sa mission, en principe, est de maintenir l'ordre matériel. En Algérie, « son action protectrice est indispensable. » A elle le soin de châtier les rebelles, d'assurer la sécurité publique, de défendre les lignes du Tell, couvrant de là, d'une part, l'établissement européen, et de l'autre, gouvernant les populations des hauts plateaux et celles du Sahara.

Un Membre indigène musulman déclare qu'il ne voudra jamais protester contre un acte du Gouvernement français. Il aime à lui laisser le soin de résoudre les solutions politiques, fermement convaincu qu'elles seront toujours conformes aux principes de la justice et qu'elles auront pour but l'intérêt général du pays.

Un autre Membre indigène musulman déclare qu'il s'est fait naturaliser Français et qu'il est d'avis que les Arabes sont incapables encore de comprendre les avantages de l'autorité civile. La première chose que l'Arabe achète, alors qu'il n'a pas de chemise, c'est un fusil et de la poudre.

M. Beaussier traduit au conseil la déclaration suivante :

« Les membres indigènes musulmans déclarent qu'ayant toute con-

« fiance dans le Gouvernement de l'Empereur, ils ne veulent pas s'as-
« socier au vote dans une question politique de cette importance. »

Le Membre israélite indigène déclare au contraire ne vouloir pas se
séparer de ses collègues français.

Cette première partie du rapport, mise aux voix, est adoptée à l'unanimité des conseillers français et du conseiller israélite indigène.

M. le Rapporteur reprend :

Ce que nous venons de dire nous amène tout naturellement à examiner la deuxième question à laquelle se rapporte le vœu *pour l'extension progressive et continue des territoires civils dans le Tell.*

Le Corps législatif, Messieurs, a été frappé, lorsque, à la vue de la
carte qui, l'an dernier, lui a été présentée, il s'est aperçu—ce que nous
savions bien, nous, Algériens, — que nos territoires civils représentent
assez bien une Polynésie.

Il a dû en être ainsi, parce que, à la suite de l'armée qui s'emparait
naturellement des points principaux de chaque province, la colonisation
est venue se grouper sur ces mêmes points.

Mais l'idée de nos gouverneurs a toujours été de relier ces îlots par
des routes et par la création de nouveaux centres européens, s'il était
nécessaire, pour faire du territoire civil un tout homogène.

C'est là le but à atteindre, et c'est évidemment dans cette intention
que M. le comte Le Hon avait fait au Corps législatif, la proposition de
déclarer territoires civils les territoires arabes auxquels le sénatus-consulte a été appliqué.

Mais, si nous sommes bien instruits, ces territoires offriraient le
même aspect polynésique — passez-moi l'expression — que nos territoires civils. S'il en est ainsi, on retomberait dans l'inconvénient auquel
on veut porter remède.

C'est par ces motifs que l'auteur du vœu a proposé de modifier la
solution ainsi qu'il suit :

« Tous les territoires militaires *contigus à un territoire civil*, et auxquels
« les deux premières opérations du sénatus-consulte ont été appliquées.

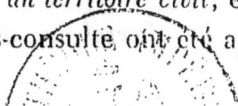

« seraient déclarés territoires civils. Ils seraient annexés soit aux com-
« munes, soit aux commissariats civils les plus rapprochés. »

Dans ces territoires, il serait immédiatement procédé à la troisième
opération, c'est-à-dire l'individualisation de la propriété des douars.

Les titres de propriété seraient individuels.

Le sénatus-consulte devrait désormais être appliqué et, sans discontinuation, par zones contiguës aux territoires civils susénoncés.

Aussitôt après l'application des deux premières opérations du sénatus-
consulte, ces territoires seraient aussi déclarés territoires civils, et il y
serait également procédé à l'attribution privée de la propriété collective
des douars.

Nous entendons souvent dire que l'indigène ne sait obéir qu'au
sabre et au képi. C'est, à notre avis, inexact dans son expression
absolue. L'indigène obéit toutes les fois qu'il sait que celui qui commande a, devers lui, le pouvoir de sanctionner l'ordre donné par la
force. Dès qu'il sait que le fonctionnaire civil a la force, il cède aussi
bien qu'il céderait au fonctionnaire militaire.

Or, en cas de désobéissance aux lois et règlements, le fonctionnaire
civil n'est point désarmé.

Par ces motifs, nous proposons au conseil de prendre le vœu en considération.

Il y a là, Messieurs, une chose certaine, c'est que, dans l'avenir, le
Tell entier doit être territoire civil. « La division est rationnelle, il fau-
« dra y venir un jour. »

Si nous ne pensons pas que ce soit actuellement possible, il faut absolument se rattacher à un système qui ait pour résultat d'augmenter
progressivement et sans discontinuation les territoires civils, de manière
cependant à laisser tout le temps nécessaire pour préparer la substitution de l'autorité civile à l'autorité militaire.

C'est éviter à la fois les inconvénients d'un système radical et concilier des nécessités réelles avec les légitimes désirs du pays.

C'est en vertu des mêmes idées qu'un second vœu a été présenté
pour que :

Sous toutes les réserves des droits garantis par les capitulations, la grande

Kabylie soit déclarée, en principe, territoire civil ressortissant, au criminel, à la cour d'Alger.

La Kabylie, depuis la conquête, dit l'auteur du vœu, est profondément tranquille. La domination politique est complète.

Le Kabyle a l'instinct essentiellement municipal et représentatif; il est sédentaire et propriétaire. Il est lié à la population européenne par des relations habituelles.

Il faut prendre toutes les mesures propres à rapprocher de plus en plus de nous cette population précieuse à tant de titres. C'est par la justice et l'administration civile qu'il faut aider à la fusion que nous désirons.

Les capitulations ont garanti aux populations d'une certaine partie du pays leur organisation. Nous laisserons au temps et au bon sens des populations kabyles le soin d'opérer un rapprochement plus intime.

Et, à propos des Kabyles, il est intéressant de citer les appréciations d'un jeune officier des plus distingués, malheureusement mort avant le temps :

«Conquise en 1857, dit M. Aucapitaine, la Kabylie est plus fran-
«chement et plus solidement soumise à la France que les tribus arabes
«campées depuis trente ans aux portes de nos villes.

«Il faut rapprocher le Kabyle de l'Européen, dont il n'appréhende
«point le contact. Sa législation a l'immense avantage de ne participer
«en rien de la religion. Il est sans préjugés. Certains articles de nos
«codes sont semblables aux dispositions de ses kanouns.

«Ses mœurs, ses coutumes, ses usages, le rapprochent de l'élément
«européen, particulièrement du paysan français, dont il a la bonhomie,
«la rude franchise et le bon sens pratique.»

Le but du vœu proposé, vous le voyez, Messieurs, est d'arriver à ce que tous les territoires civils, aujourd'hui éparpillés, forment un tout compacte. C'est pourquoi la Commission vous propose de l'adopter.

Parmi les matières à régler par la constitution en projet se trouve, dit-on, la question de l'exercice des droits politiques.

A ce sujet, le premier droit revendiqué par l'Algérie, c'est celui *de nommer des députés au Corps législatif.*

La proposition dont vous êtes saisis tend *au renouvellement de ce vœu*, déjà plusieurs fois exprimé par le conseil.

Cette question, Messieurs, devrait être vraiment au-dessus de toute discussion.

Si l'Algérie est une terre française, si elle est la continuation de la mère patrie, comment admettre que le citoyen français qui vient s'installer dans ce pays, à quarante heures de France, perde ses droits civiques! Droit en deçà, déchéance au delà!

En venant ici, nous emportons la terre de la patrie à la semelle de nos souliers; au cœur, nous emportons son souvenir; mais nous perdons le titre et les droits de citoyen.

Voilà pour le droit en lui-même.

Et, en fait, nous le savons : nous ne sommes pas suffisamment appréciés. Nos intérêts occupent, cependant, une place assez importante parmi les intérêts généraux de France pour avoir leurs défenseurs.

Il n'est pas exact de soutenir que les questions algériennes aient été jusqu'à présent tellement élucidées dans les discussions du Corps législatif qu'on puisse dire que l'Algérie est connue.

Et sans attaquer la loyauté et la sincérité de personne, nous devons le dire : plus d'une fois, des députés algériens auraient fourni aux débats des explications et des rectifications utiles.

En fait donc, comme en droit, l'Algérie doit être représentée. Et ce besoin est tellement vrai, qu'il arrive, par la force des choses, que des députés se constituent ses représentants officieux.

Nous cherchons donc vainement les raisons de refuser des représentants à l'Algérie. C'est à tort qu'on objecterait l'exemple de l'Angleterre, qui donne à certaines colonies bien plus encore, un parlement et le libre gouvernement.

Et cependant on fait des objections : une première : « Nous ne sommes pas 35,000 électeurs. » Mais à cela on répond que la Constitution de l'Empire ne refuse pas à l'Algérie le droit de nommer des représentants. Elle se borne à confier au Sénat la mission d'organiser le pays. Le décret du 2 février 1852 ne fait qu'énoncer un fait, en déclarant (art. 1er): « que l'Algérie n'envoie pas de députés au Corps « législatif. » Et, malgré ce décret, l'Algérie a été admise à exprimer son vote, lors de l'établissement de l'Empire. D'après la Constitution, les fractions de 17,000 électeurs ont droit d'envoyer un représentant au Corps législatif, et, dans tous les cas, le citoyen français vote toujours quelque part.

Ajoutons, qu'aujourd'hui, en France, on tend à abandonner ce système, qui consiste à baser le nombre des députés sur un nombre fixe d'électeurs.

Et, enfin, veuillez le remarquer, tous ces arguments tombent, du moment qu'il est question de formuler une disposition pour l'Algérie.

Au fond, ce qui importe, c'est de rechercher si l'Algérie offre une masse d'intérêts qui doivent être représentés?

En réalité, l'Algérie occupe le sixième rang, par ordre d'importance, sur la liste des principales nations avec lesquelles la France entretient des échanges, après l'Angleterre, les États-Unis, la Belgique, l'Allemagne et l'Italie.

Elle tient le quatrième sur le tableau faisant connaître la part effective des principaux États dans le commerce spécial de la France, après l'Angleterre, les États-Unis et la Belgique.

Son mouvement d'importation et d'exportation s'élève à 295 millions 733,664 francs, savoir :

Province d'Alger...................	111,207,085ᶠ
———— d'Oran................	100,577,677
———— de Constantine.........	83,948,902

Son mouvement d'escompte pour la Banque de l'Algérie et la Société générale algérienne, sans compter les banques particulières, atteint un chiffre relativement énorme, savoir :

Banque de l'Algérie.................	112,340,898ᶠ
Province d'Alger...................	32,398,192
———— d'Oran................	38,521,448
———— de Constantine.........	41,421,256
Société générale algérienne, pour une période de dix mois.................	36,266,500ᶠ
Province d'Alger...................	18,787,749
———— d'Oran................	6,138,603
———— de Constantine.........	11,345,147

Or, parmi les arrondissements de France admis à nommer un député, y en a-t-il beaucoup qui représentent une semblable valeur?

Et à qui, c'est là ce qu'il faut se demander, et à qui est dû ce grand mouvement? N'est-ce pas l'élément français, qui en est le principe et le générateur?

Si cet élément ne présente pas des agglomérations numériques pareilles à celles de France, est-ce qu'il ne représente pas réellement les intérêts des étrangers venus avec lui, vivant de la même vie, et fécondant, comme lui, la terre algérienne par son activité et son travail?

Il représente aussi, nous osons le dire, l'élément indigène, car c'est à lui qu'est due l'extension de la production arabe; c'est par lui que cette production a trouvé des débouchés qui, auparavant, lui faisaient défaut.

C'est la masse des intérêts et non un chiffre numérique que, dans cette haute question de représentation nationale, il faut prendre en considération.

Mais, autre objection : nous ne payons pas l'impôt territorial.

Ceux qui produisent cette objection devraient être assez justes pour rappeler que, dès 1861, dans ce Conseil, on proclamait que « c'est un « devoir, de la part des citoyens, que de fournir à l'État, suivant les « règles d'une juste proportionnalité, le moyen de pourvoir aux besoins « de la chose publique; »

Que, depuis et dans chacune des sessions de 1862, 1863, 1864, 1865, 1866 et 1868, le Conseil n'a cessé de se préoccuper de la possibilité d'établir l'impôt foncier.

C'est là un acte de civisme qu'il ne faut pas laisser en oubli. Et non-seulement le Conseil en a voté le principe; mais, prévoyant bien les lenteurs qu'entraînerait nécessairement l'établissement régulier du cadastre, il avait demandé qu'on procédât, en attendant, comme on avait fait, en France, en 1791.

Et, en même temps, il proposait, autre expédient, qu'un système d'une taxe territoriale fût étudié pour être appliqué jusqu'à la confection du cadastre.

Eh bien, nous avons le droit de le demander, en présence de ces preuves d'un bon vouloir aussi patriotique, est-on bien venu à nous opposer, comme une fin de non-recevoir, ces simples mots : « Vous ne « payez pas l'impôt. »

Mais il y a mieux, c'est qu'il n'est pas exact de dire que nous ne contribuons pas aux charges publiques. Les produits de l'Algérie s'élèvent à environ 40 millions. Défalcation faite sur ce chiffre de l'impôt arabe, il reste encore une somme suffisante pour démontrer que l'élément européen est loin d'être affranchi de toute contribution.

Ainsi, ce ne serait point violer les principes du droit public de la France que d'admettre l'Algérie à être représentée au Corps législatif.

Par toutes ces considérations, la Commission vous propose de renouveler ce vœu depuis longtemps formulé par les conseils généraux.

La Commission fait la même proposition relativement au vœu pour la *nomination des conseils généraux à l'élection.*

Ceux-mêmes qui refusent d'admettre que nous devions être représentés au Corps législatif reconnaissent qu'il est juste que les conseils généraux soient nommés à l'élection, bien que, cependant, on puisse faire à cette solution la même objection, à savoir que nous ne payons pas encore d'impôt territorial.

Mais, inutile de discuter. Le Gouvernement est engagé, et la réalisation ne saurait être différée.

Bornons-nous donc à dire, avec notre honoré Président, « que, si « nous n'avons pas été les élus du suffrage universel, nous garderons « la conscience de ne pas nous être montrés indignes de cet honneur. »

Puisque nous parlons de l'élection des conseils généraux, nous sommes amenés naturellement à examiner un dernier vœu dont vous êtes saisis et qui « *tend à demander que le nombre des délégués au Conseil* « *supérieur soit augmenté.* »

Le Conseil supérieur est, on le sait, un des rouages particuliers du Gouvernement de l'Algérie; on a pensé, et avec raison, qu'il était bon de réunir en conseil les hommes qui peuvent éclairer le Gouvernement central sur les besoins de chaque province. Cette réunion permet de traiter les questions d'intérêt commun et de les résoudre dans les termes les plus faciles, en conciliant les désirs de chacune de ces trois grandes divisions, sans ces tiraillements, quelquefois inévitables, en matière d'administration.

A ce Conseil ont été appelés des délégués des conseils généraux.

C'est dans ce Conseil que se discute le projet de budget de l'Algérie.

Or, en matière de budget, il existe un principe incontestable, c'est que c'est au pays qu'il appartient, par ses mandataires, de délibérer et de décider sur tout ce qui touche aux recettes et aux dépenses publiques.

Si cela est vrai, il faut absolument que le pays soit représenté dans des conditions telles que sa voix soit prépondérante.

A ce Conseil sont portées toutes les questions qui doivent se résoudre par une allocation budgétaire, toutes celles qui touchent à l'assiette et à la répartition des contributions existantes.

Et comment est composé le Conseil ? Il est précisément composé de fonctionnaires qui, presque tous, chacun pour leur part, ont préparé et présenté une partie du budget, de tous les fonctionnaires qui constituent le Conseil de gouvernement, et enfin des deux chefs des services de la justice, du clergé et de l'instruction publique.

Il est évident qu'en présence des attributions de ce Conseil, on doit reconnaître qu'il est peu logiquement composé, car le projet de budget est voté par les fonctionnaires qui l'ont présenté.

C'est pourquoi la Commission vous propose d'admettre le vœu que le nombre des délégués des conseils généraux à ce Conseil soit augmenté.

L'institution de ce Conseil concilie heureusement le désir légitime des Algériens de discuter leurs affaires, avec le droit du Gouvernement, qui prépare et propose les dispositions budgétaires.

Mais, au fond, il n'est pas logique que l'élément gouvernemental et administratif prédomine ; ce doit être, au contraire, l'élément indépendant de toute fonction publique, de toute attache administrative. C'est à ce dernier que doivent appartenir le contrôle et la décision.

Et, dans un pays comme l'Algérie, où se présentent des questions économiques et sociales toutes particulières, il est utile que les premiers conseillers soient ceux qui vivent de la vie du peuple, de la vie du colon, au milieu des réalités des diverses existences qui se partagent l'Algérie.

C'est dans le Conseil supérieur que devraient être présentées toutes

les propositions intéressant les races qui se trouvent en présence dans
ce pays.

Les questions proposées et posées dans le Conseil supérieur seraient
naturellement dévolues ensuite à l'examen du Conseil de gouvernement,
dont le rôle doit être différent de celui du Conseil supérieur.

Ainsi élaborées, nous serions sûrs de voir aboutir les solutions que
nous avons le regret d'attendre quelquefois trop longtemps.

En conséquence, nous vous proposons de demander que le nombre
des délégués de chaque conseil général soit porté de deux à sept.

Un Membre demande qu'il soit spécifié dans le vœu que deux conseillers indigènes seront de droit délégués au Conseil supérieur.

Un autre Membre répond que les délégués au Conseil supérieur sont
nommés par le conseil général, qui choisira naturellement ceux qu'il
jugera les plus capables de défendre les intérêts de la province et les
plus indépendants.

Un Membre indigène musulman proteste avec énergie contre cette expression d'indépendants : la loyauté, l'indépendance des conseillers indigènes ne sauraient être mises en doute.

Le préopinant réplique qu'ils ont déclaré, il n'y a qu'un instant,
qu'ils ne se croyaient pas le droit de discuter les questions politiques et
de donner leur avis au pouvoir.

Un autre Membre ajoute que probablement les conseillers indigènes
ne seront pas nommés par le suffrage universel et qu'il appartient dès
lors au décret, qui sera rendu à cet égard, de fixer le nombre et le
mode de désignation des délégués indigènes au Conseil supérieur.

Le Membre indigène israélite dit que, dans le cas où le décret spéci-
fierait l'envoi de délégués musulmans au Conseil supérieur, il serait
juste que des conseillers israélites y fussent également admis.

Cette deuxième partie du rapport est adoptée.

Immédiatement après, un Membre demande que le procès-verbal de la présente séance reproduise l'exposé qu'il avait lu le 5 du courant à la deuxième commission et le 8 au Conseil.

Voici cet exposé :

Exposé de différentes propositions motivées, adressé au Conseil général par un de ses membres au sujet du vœu à émettre relativement à la Constitution annoncée pour l'Algérie.

Au moment où s'élabore pour l'Algérie une constitution dont la teneur doit réfléter, au moins en grande partie, l'opinion que ses auteurs se seront faite des vœux du pays, il est d'une importance majeure que le conseil général fasse connaître sans retard quels sont ses propres vœux.

Pour ma part, je déclare m'associer au discours prononcé par notre très-honoré Président, tout en appuyant principalement sur les points suivants qui me paraissent capitaux.

D'abord, on ne saurait trop insister sur l'inquiétude et le froissement qu'a éprouvés le pays à voir s'élaborer une constitution devant régler ses destinées, sans être appelé à concourir à la discussion de cette constitution par l'admission dans la commission d'élaboration de quelques délégués choisis par lui.

Pourquoi donc s'écarter à son égard de ce principe si rationnel et si juste qui finira, certes, par prévaloir chez tous les peuples à mesure que leur instruction sera plus avancée : c'est que ce sont les intéressés qui y voient généralement le plus clair dans leurs affaires, et c'est que, dans tous les cas, il y a devoir et utilité à les consulter? Pourquoi, par l'oubli par trop fréquent et même offensant de ce principe à notre égard, nous forcer à rappeler qu'il est une conséquence de cet autre principe plus général ; c'est qu'en droit, si ce n'est encore partout en fait, c'est aux nations à régler elles-mêmes leurs affaires et aux pouvoirs exécutifs choisis par elles à assurer l'exécution de leurs décisions?

Ces principes devraient aussi prévaloir en ce qui concerne l'élection des conseillers généraux et l'envoi de députés au Corps législatif.

Du reste, qu'objecte-t-on donc contre la voie de l'élection pour la nomination des conseillers généraux? C'est que l'argent affecté au service du département ne provient pas des impôts de ce département ; mais que fait donc l'origine de cet argent quant à son emploi? N'y a-t-il pas le même intérêt, la même justice ici qu'en France, à ce que la population qui personnifie le département, et dont les intérêts sont en jeu, intervienne par ses délégués dans la discussion du meilleur emploi de cet argent?

Et quant à ce qui concerne le refus d'une représentation directe de l'Algérie au Corps législatif, par la raison que le pays ne complète pas le nombre de 35,000 électeurs français, doit-on donc considérer comme nulle une population de près de 3 millions, parce que, sur ces 3 millions, il ne se trouve qu'environ 30,000 hommes admis par la loi au titre d'électeurs comme Français ou naturalisés Français? Mais n'y a-t-il pas derrière ces 30,000 électeurs une population considérable? Faudrait-il donc prendre comme guide définitif, au sujet de cette représentation, la lettre et non l'esprit d'une loi faite pour la France et pour assurer à chacun de ses départements plusieurs représentants au Corps législatif? Et cependant ces départements ont, au moins par régions, des intérêts à très-peu près les mêmes, étudiés et connus depuis longtemps et pour longtemps très-peu variables. Chacun d'eux se trouve donc dans cette favorable situation de pouvoir, au besoin, être, sans grand inconvénient, représenté par un député d'un des départements limitrophes. Or, en est-il de même de l'Algérie, séparée de plus de 200 lieues du département français le plus voisin et n'ayant avec lui aucune espèce d'identité; faut-il donc que ce pays, inconnu à la plupart des Français et déjà difficile à bien connaître à ceux mêmes qui l'habitent; que ce pays, à besoins compliqués et dont l'avenir intéresse la France autant que n'importe lequel de ses départements envoyant plusieurs députés au Corps législatif; faut-il que lui, malgré son importance et son grand mouvement d'affaires, n'y jouisse d'aucune représentation directe; n'est-ce pas là une situation contraire à l'esprit de la loi, et celle-ci ne doit-elle pas être complétée à l'égard de l'Algérie?

Quant à une constitution pour l'Algérie, elle est, suivant nous, à provoquer et à admettre par acclamation, si elle doit être un pas en avant de la France vers une plus large liberté individuelle, vers une simplification de l'administration de la justice, vers une plus grande intervention des intéressés dans la gestion de leurs affaires.

Si, au contraire, une constitution de l'Algérie doit être, à notre égard, la consécration d'une diminution des droits dont jouit en France le Français, ne cessons de demander son ajournement à une époque de temps plus libérale.

Arrivant au remplacement de l'administration militaire par l'administration civile dans toute la partie, pour ainsi dire, européenne de l'Algérie, je crois qu'il est inutile d'entrer dans les motifs reconnus de tous qui peuvent militer en sa faveur; et, pour concevoir le désir de la population sur ce point, il suffit d'inviter chacun à se représenter comment, malgré tout son amour pour son armée, serait accueilli, même par les militaires, le projet de donner l'administration des intérêts civils de la France, ou seulement la direction de cette administration au ministère de la guerre et à l'armée.

Certes, et il y a unanimité sous ce rapport, l'armée a rendu en Algérie de très-grands services, en dehors même de sa spécialité, et elle est appelée à lui en rendre encore; mais ces services n'y sont-ils donc possibles qu'avec un gouvernement militaire?

Quant aux reproches que l'on a faits à l'administration civile pour ses lenteurs comparées à la célérité de l'administration militaire, cette comparaison est-elle juste, quand on a donné presque carte blanche à cette dernière, tandis que l'on exige de la première quantité de formalités entravantes? Que l'on mette donc celle-ci dans les mêmes conditions, si l'on veut en obtenir des résultats analogues! Peut-être s'élèvera-t-il encore quelque accusation d'infériorité sous quelque rapport; mais ne sera-ce pas encore la faute de ceux qui ont fait ici aux fonctionnaires civils une position si subordonnée et si peu enviable, tandis que les officiers de l'armée y ont une position assez sympathique pour que le ministre de la guerre ait toujours un choix des plus faciles parmi les plus capables et les plus méritants?

Que l'on simplifie donc les procédés de cette administration civile! Qu'on la réduise en laissant le plus possible aux intéressés la gestion de leurs affaires, et qu'on lui fasse des avantages suffisants, et l'on arrivera à un résultat satisfaisant, tout en répondant aux aspirations du pays.

J'ai, en conséquence de ce qui précède, l'honneur de prier le conseil d'admettre les motifs que je viens de lui exposer et de leur accorder une place dans l'expression des vœux qu'il voudra bien émettre en faveur de l'Algérie, vœux en tête desquels je désire ardemment pour ma part voir figurer celui qui pourra nous faire obtenir *une large repré-sentation, par délégués choisis par l'Algérie, dans tous les conseils ou com-missions devant délibérer sur ses intérêts.*

———————

Voeu portant que la terre en territoire civil appartenant aux in-digènes soit régie par la loi française, comme celle possédée par les Européens.

Qu'en outre, tous contrats portant sur des droits immobiliers passés entre indigènes dans le territoire militaire du Tell soient soumis à la formalité de transcription, comme ceux passés entre indigènes et Euro-péens.

M. LE RAPPORTEUR s'exprime ainsi :

Messieurs,

Dans tous les pays neufs, à larges surfaces, et dont la production est essentiellement agricole, la condition de la terre est toujours la question importante, la question vraiment nationale, parce que là le sol constitue le seul capital de la prospérité du pays. C'est pour cette question que les esprits s'agitent et se passionnent. C'est vers ce point que convergent tous les efforts individuels et collectifs.

C'est ce qui explique pourquoi, nous autres Algériens, nous nous sommes toujours préoccupés de la situation légale du sol, pourquoi la constitution de la propriété a toujours été l'objet de nos inquiétudes, à tel point que les libertés et les franchises de toutes sortes que nous réclamons, nous ne les revendiquons que comme moyens de déve-lopper les éléments de la richesse terrienne, que pour hâter la franci-sation ou plutôt l'assimilation par la culture du territoire algérien. C'est qu'en effet la terre et l'habitant ne sauraient être séparés. Ils sont soli-daires dans les revers comme dans la fortune. Nos progrès politiques et administratifs seraient stériles si la prospérité économique de l'Al-gérie ne devait pas s'en ressentir, c'est-à-dire si le sol n'était pas lui-même affranchi, s'il ne sortait pas du régime qui l'étreint et ne s'ouvrait pas librement à l'élément européen comme à l'élément indigène, toutes conditions qui doivent faire de notre colonie un pays fort et un accroissement territorial de la France.

La constitution du sol, disait Frédéric Bastiat, est un miroir qui reflète trait pour trait l'état des populations qui l'habitent. Montrez-moi une terre régie par les bonnes lois de la propriété, et je vous affirmerai que tout y prospère.

Si donc nous voulons, Messieurs, faire honneur à la Société algérienne, préoccupons-nous, même outre mesure, de la constitution civile de la terre.

Ce qu'il faut au sol, en général, et à la terre algérienne en particulier, c'est le crédit, c'est-à-dire la liberté et la sécurité des transactions immobilières.

Pour savoir si quelque chose est à faire à cet égard et ce qu'il y a à faire, il est indispensable de préciser la situation actuelle en remontant quelque peu dans le passé.

Lorsqu'en 1830 la France s'empara d'Alger, elle trouva naturellement tout le sol algérien entre les mains des habitants du pays : c'était l'État ou le Beylick; c'étaient les corporations civiles ou religieuses, telles que les fontaines ou les zaouïas, les mosquées, les villes saintes, etc. etc.; c'étaient les tribus ou les particuliers (arch et melk).

Par l'acte de capitulation du 5 juillet, le droit de propriété des indigènes fut respecté.

C'est de ce principe que découlèrent toutes les lois qui, de 1830 jusqu'à ce jour, ont été faites pour régler et asseoir le droit de propriété.

Ce principe était-il politique et rationnel? Il serait aujourd'hui oiseux de discuter cette question; constatons seulement qu'il était commandé par nos idées de justice et d'équité.

Le Gouvernement de l'Algérie s'occupa d'abord de la formation du domaine de l'État, qu'il constitua avec les biens de l'ancien Beylik, des corporations et du séquestre (arrêtés des 7 et 8 décembre 1830, 10 juin et 11 juillet 1831, 1er mars 1833, 1er décembre 1840).

Jusqu'au 1er octobre 1844, la constitution de la propriété privée fut fort négligée par le Gouvernement. Les transactions immobilières entre indigènes et Européens, autorisées dans certains périmètres, étaient abandonnées à toute l'imprudence des uns et à toute la convoitise des autres. On vendait et on achetait, dans ces périmètres, avec la plus grande facilité, ou plutôt avec la plus complète témérité; personne ne se montrait difficile sur les titres de propriété, les qualités des parties, les limites et l'existence même de l'immeuble.

Si, d'un autre côté, on n'ignore pas que la terre indigène était frappée du *habbous*, du *cheffaâ* et du *rania*, que les partages étaient rares dans les familles, que, d'après la loi musulmane, le titre peut résulter de la preuve testimoniale, que les transmissions immobilières ne sont soumises à aucune publicité et à aucune forme, on comprendra dans quel désordre le droit des acquéreurs européens devait se trouver après quatorze années d'occupation.

C'est ce désordre qui a provoqué l'ordonnance du 1er octobre 1844.

Le caractère et le but de cette ordonnance sont accusés dans un passage du rapport au Roi, qui précède l'ordonnance.

« . . . . . Le plus grand obstacle que puisse rencontrer la colonisa- « tion, disait le Ministre, naît de l'incertitude et de l'instabilité de la « propriété; aussi, l'ordonnance que j'ai l'honneur de soumettre à la « sanction de Votre Majesté a-t-elle pour objet essentiel de faire cesser « les situations douteuses, d'épurer et de fixer ou de garantir les droits « immobiliers . . . . . »

L'ordonnance du 1er octobre 1844 asseyait le droit de propriété dans le ressort des tribunaux civils, c'est-à-dire en territoire dit *terri- toire civil* ou *de colonisation;* elle autorisait les transactions immobilières entre indigènes et Européens dans le périmètre de ce territoire; elle les interdisait, en principe, en territoire dit *territoire militaire.*

C'était bien, mais ce n'était pas suffisant; ceux qui avaient acheté dans le périmètre de colonisation n'étaient pas rassurés sur l'étendue et l'existence de l'objet acquis; ceux qui voulaient acquérir ne pou- vaient le faire, se trouvant arrêtés par le même danger. La revendication individuelle et la revendication domaniale étaient toujours à craindre. Il fallait *une reconnaissance générale de la terre de colonisation* pour com- pléter, ou plutôt, pour rendre efficaces les mesures précédemment prises. C'est alors que parurent l'ordonnance du 21 juillet 1846 et l'arrêté ministériel du 17 septembre suivant.

Ces dispositions, vivement critiquées à leur naissance et dans leur mode, quelquefois vicieux, d'application, ont été, en fait, presqu'une mesure de salut public. Elles sont aujourd'hui la sauvegarde d'une grande partie des possesseurs européens.

Cependant toute cette législation restrictive ne pouvait être qu'un progrès relatif; elle devait disparaître ou se modifier sous l'empire de besoins plus généraux et la marche ascendante du pays.

La loi du 16 juin 1851 fut la conséquence de cette situation nouvelle.

Son but a été d'assimiler le plus possible la condition du sol algérien à la condition du sol français et de proclamer l'inviolabilité de la propriété, sans distinction de territoire et de nationalité.

Mais la loi de 1851 ne réglementait que la terre *melk*. Elle ne s'appliquait pas à la terre *arch*.

Qu'était-ce donc que cette terre *arch* mise en dehors du droit commun et que l'on voulait soustraire aux entreprises de l'action européenne ? C'était une terre encore inconnue, ayant un caractère collectif, tiré des temps où la vie du peuple arabe était patriarcale; c'était une terre essentiellement arabe, entièrement livrée à la culture indigène et entre les mains d'une population dont l'organisation politique et administrative exigeait des ménagements et de la surveillance.

Cependant, il fallait bien un jour se décider à pénétrer dans l'intérieur du sol *arch*, arriver à le reconnaître et à le constituer, comme en 1846 et 1851 on avait reconnu et constitué (d'une manière encore insuffisante, il est vrai) le sol *melk*, et parvenir, en un mot, à percer le mystère qui enveloppait cette propriété.

C'est ce qui eut lieu par le sénatus-consulte du 22 avril 1863, qui pose deux principes : le premier, que la possession traditionnelle et permanente des tribus constitue un titre de propriété à leur profit, et que le droit aux biens *melk* et *beylik* est réservé aux particuliers et à l'État; le second, que le territoire des tribus sera délimité; et, s'il est reconnu *arch*, il sera réparti entre les douars; on procédera ensuite à l'établissement de la propriété individuelle entre les membres des douars.

L'exécution du sénatus-consulte commencée, il y a cinq ans, nous a fait connaître ce que nous avions prévu, c'est-à-dire que la plus grande partie du sol des tribus est *melk*.

Nous ne pouvons nous empêcher de signaler une lacune regrettable dans le sénatus-consulte et son application; il était certainement utile de délimiter les territoires des tribus et des douars; il est encore utile de séparer le *melk* de l'*arch* et du *beylik;* mais il n'était pas moins utile et important de procéder à la délimitation des *melks* et de délivrer des titres définitifs aux revendiquants dont les droits auraient été consacrés. C'est ce que l'ordonnance de 1846 avait sagement fait pour les immeubles des territoires civils; il eût été à désirer que l'acte législatif de 1863 fût aussi prudent et aussi complet.

Cet historique terminé, il nous reste à préciser la condition légale actuelle de la terre.

Le bien de chacun est donc inviolable, comme en France; chacun peut en disposer ainsi qu'il l'entend.

Voilà le principe pour toute l'Algérie et pour tous les propriétaires, sans distinction de territoire et de nationalité; seulement, comme chacun ne peut disposer que dans les limites de son droit, c'est ici qu'il importe, pour l'intelligence de la question, de signaler les caractères et les obscurités de ce droit.

La terre algérienne procède d'une origine musulmane; elle doit sa constitution primitive à la loi musulmane, à cette loi vague et indéterminée, mélange d'intérêts civils et d'intérêts religieux, permettant la confiscation et tolérant la raison du plus fort.

L'état civil des indigènes est peu précisé par la loi musulmane; ses conditions constitutives ne sont point ou sont obscurément établies. Ainsi, la nubilité et la majorité ne dépendent point d'un âge certain et fixe, mais bien d'appréciations arbitraires et accidentelles. Le droit de *tester* et de *donner* et même de *vendre* varie selon les formes employées; la femme mariée, asservie et amoindrie au foyer conjugal, possède néanmoins des priviléges au regard de l'administration et de la disposition de ses biens.

La puissance paternelle, la tutelle, l'interdiction, l'émancipation, ne sont réglementées que par des avis de jurisconsultes.

La polygamie et la faculté illimitée de répudiation pour le mari introduisent dans la famille des enfants de qualités différentes, engendrant, par suite, des droits différents; il y a des frères germains, consanguins et utérins, et ces derniers se subdivisent à l'infini.

Les héritiers se multiplient en se subdivisant; il faut, pour bien comprendre leur tableau synoptique, se résigner à un labeur long et pénible; nous avons d'abord les légitimaires à part fixe, les *acebs* et les légitimaires concurremment; puis on trouve les donataires, les légataires et les porteurs de *habbous*; enfin, comme dernière sous-division, les femmes, le mari, le *beit el mal*, etc.

On comprend qu'en cet état il est quelquefois impossible de découvrir tous les ayants droit à une hérédité.

Il nous est arrivé plusieurs fois de voir une succession restée dans l'indivision pendant longtemps, appartenant à 60, 80 et 100 individus se rattachant à toutes ces variétés d'héritiers, et partagée en fractions infinitésimales.

Ce qui complique encore cette situation, c'est que l'état civil n'est confié à aucun registre public et authentique et résulte toujours de déclarations testimoniales, que les successions demeurent indéfiniment dans l'indivision, et que le nom de famille n'existe pas chez les indigènes.

D'un autre côté, sous la législation où la preuve par excellence est la preuve testimoniale, les transactions immobilières ne doivent pas nécessairement être constatées par écrit, et, dans tous les cas, aucune formalité de publicité n'est exigée dans l'intérêt des tiers.

Inutile de dire que le cadastre et le bornage sont inconnus. Ajoutez à cela l'absence souvent absolue de toute instruction, la facilité avec laquelle le témoignage s'achète et l'ignorance relative des magistrats chargés de la rédaction des actes; et nous pourrons nous faire une idée à peu près complète de l'insécurité et de la fragilité des transmissions de la terre indigène.

Tels sont en général les inconvénients originels qui s'attachent à la terre algérienne.

Ces inconvénients ont disparu pour la portion qui est entrée dans la possession de l'Européen. Disons en passant que ce n'est qu'au prix de bien grandes déceptions ou de bien grandes difficultés que cette possession est devenue définitive et sûre. Cette portion est désormais exclusivement régie par la loi française.

Quant à la portion qui forme presque le tout, restée aux mains des indigènes, elle est soumise à la loi musulmane de par la législation algérienne, qui place sous l'empire du droit musulman les contrats qui interviennent entre indigènes.

Cependant l'état de cette partie du territoire de la colonie est encore plus ou moins modifié selon les circonstances et les lieux; ainsi, dans les territoires civils ou de colonisation, où la terre arch n'a jamais existé, où l'esprit de la loi française s'est introduit par la participation de l'Européen à la possession du sol, dans les contrées surtout où l'ordonnance de 1846 est appliquée, la terre s'est purgée de la plupart des vices originels qui l'affectaient. Là l'obscurité est moins grande, l'incertitude a diminué; l'authenticité et la publicité sont souvent entrées dans la constatation du droit; la puissance du voisinage et le progrès intellectuel du possesseur ont fait leur œuvre.

Quant au sol du territoire militaire, il est resté à peu près complétement arabe, et avec tous les inconvénients et les dangers d'une possession et d'un droit exclusivement arabes.

Les besoins de la colonisation, le droit pour l'Européen de participer à la propriété immobilière, l'intérêt de l'indigène de posséder et d'acheter avec faculté et sûreté, les exigences en un mot du crédit en général, veulent que cette situation soit promptement et énergiquement améliorée.

La loi actuelle proclame d'une manière générale la liberté des transactions immobilières pour tous les melks. Comme, selon notre opinion, opinion qui se trouve confirmée par les résultats que l'application du sénatus-consulte a donnés jusqu'à ce jour, la presque totalité du sol algérien est melk, il en résulte qu'il est à peu près vrai que chacun a le droit, en principe, d'acquérir sur tout le territoire de la colonie.

Mais une liberté sans sécurité n'est pas la liberté; c'est donc la sécurité des contrats qu'il faut assurer. Il faut que la vente soit rendue définitive à l'égard des tiers, tant pour le droit de transmission que pour l'immeuble compris en la vente; il faut que celui qui achète désormais, soit Européen, soit indigène, puisse dire : « Le bien que je possède et « tel que je l'ai acquis est définitivement à moi; personne ne saurait « m'inquiéter. »

Pour obtenir ce résultat, voici ce que la Commission vous propose.

Tout le sol du territoire civil doit être régi par une même loi, par la loi française, indépendamment de la nationalité du possesseur.

Ce que nous avons dit de la situation particulière de la propriété dans ce territoire suffit à justifier notre proposition. Nous avons vu, en effet, que sous l'action de certaines causes et de certaines circonstances, elle s'était considérablement transformée et rendue pour ainsi dire assimilable. Il y a peu d'immeubles dans ces contrées qui n'aient été touchés par la main de l'Européen, peu de titres modernes qui n'aient été revêtus de l'une des formes de la loi française, peu d'intérêts indigènes qui ne se soient frottés ou confondus aux intérêts européens. D'un autre côté, on peut dire que les deux races ont les mêmes besoins économiques, les mêmes aspirations de bien-être, les mêmes procédés agricoles, sauf une différence dans le perfectionnement. Nous ajouterons enfin que le propriétaire indigène ne le cède pas au propriétaire européen pour le respect et l'amour du droit de propriété.

Le seul progrès qui reste à réaliser ne peut donc être autre que l'assimilation de la possession, c'est-à-dire la suppression au profit de l'immeuble de ces droits de réméré, de habbous, de chefâa et autres, qui frappent la terre musulmane d'une sorte d'infirmité qui est d'autant plus dangereuse qu'elle est clandestine, et qui, pour nous servir d'une métaphorique expression d'un iman réputé et quelque peu libre penseur, a entre autres résultats celui de soustraire le bien de Dieu à sa véritable destination.

En faisant ce que la Commission vous propose, Messieurs, nous reprenons pour ainsi dire la tradition, nous procédons comme les Romains, nos maîtres et nos anciens, ont procédé dans ce pays en appliquant successivement leurs divers droits publics au sol conquis.

C'est en vain qu'on invoquerait l'acte de capitulation. Ce grand acte nous oblige bien à respecter le droit de propriété des indigènes, droit que nous n'avons jamais songé à attaquer; mais il ne nous défend pas de le constituer et de l'organiser, et d'améliorer la situation immobilière des indigènes. Les ordonnances de 1844, de 1846, la loi de 1851 et le décret du 30 octobre 1858 en rendent témoignage.

Mais, pourrait-on dire, le vœu de la Commission a pour résultat de modifier l'ordre des successions prescrit par la loi musulmane et de porter ainsi atteinte au statut personnel des indigènes: C'est là, selon nous, une crainte purement chimérique. En effet, la loi successorale est du statut personnel; or, le régime que nous proposons est du statut réel; par suite, il ne s'adresse pas aux lois de capacité des indigènes. Dans tous les cas, et abstraction faite de ce principe de droit, la Commission n'entend en aucune manière altérer l'ordre successoral de l'islamisme. Ce qu'elle veut, c'est l'abrogation de tous ces contrats et de tous ces droits exorbitants qui affectent réellement les immeubles indigènes et la nécessité d'entourer de la publicité du droit commun la transmission de ces immeubles.

Vous comprenez, Messieurs, que ce que l'on peut faire avec fruit en territoire civil, on ne saurait le faire en territoire militaire. En effet, pour ce territoire, il suffit aujourd'hui d'obliger les contrats immobiliers entre indigènes à la formalité de transcription comme ceux entre indigènes et Européens.

Encore ici, Messieurs, nous pensons que ce que nous avons déjà exposé suffit pour justifier la proposition de la Commission.

Mais la difficulté est de savoir quel mode de transcription il conviendrait d'imposer à ces propriétaires ordinairement peu aisés, à ces populations ignorantes de l'utilité de cette formalité, à ces contrats portant souvent sur des intérêts de médiocre importance.

Un honorable magistrat du parquet d'Alger a tout récemment publié un *essai de transcription hypothécaire dans les tribus du Tell algérien.* Cet ouvrage propose un mode de transcription tout à fait exceptionnel, compliqué, et qui tend à renfermer le propriétaire indigène dans le greffe et le parquet.

Le mode de transcription qu'on doit appliquer doit être celui qui présente le plus de simplicité. Et le plus simple, selon la Commission, est celui de la loi commune, avec les quelques modifications que les circonstances particulières réclament. Ainsi, nous voudrions que tous les actes passés devant les cadis et portant sur des droits immobiliers fussent enregistrés au droit fixe; qu'ils énonçassent les limites et les contenances approximatives de l'immeuble objet du contrat, limites et contenances qui seraient certifiées par le cadi et les adels eux-mêmes; qu'ils fussent transcrits en entier (à frais réduits) sur un registre spécial tenu au chef-lieu du cercle par le préposé de l'enregistrement de la localité; qu'à partir de l'accomplissement de cette formalité, ils restassent affichés pendant trois mois à la mehakma de la tribu. Les tiers qui auraient à revendiquer sur l'immeuble porté au contrat des droits réels, opposés à ceux transmis, devraient faire opposition aux mains du cadi ou du conservateur des hypothèques dans ledit délai de trois mois, et faire ensuite statuer dans les formes légales sur le mérite de cette opposition. S'il ne survient pas d'opposition, le contrat devient définitif et inattaquable.

Afin de faire rentrer sous le régime de cette publicité les contrats antérieurement passés, il serait accordé un délai d'un an pour faire opérer la transcription de ces contrats. Cette transcription ferait remonter l'efficacité de l'acte au jour de sa date.

Nous pensons qu'un tel mode de transcription, que nous ne présentons qu'en résumé, concilierait tous les intérêts, ceux des parties contractantes comme ceux des tiers.

Si le vœu que nous rapportons était mis en application, la Commission est convaincue, Messieurs, que le problème de la constitution de la propriété en Algérie, celui qui prime ou absorbe tous les autres, serait définitivement résolu; que le sol, ouvert avec sécurité au capital et à l'initiative de tous, se trouverait dans les conditions économiques que les besoins de colonisation et de fusion sollicitent, et que le crédit immobilier, qui est le solide et le vrai crédit dans tout pays agricole, existerait enfin pour la terre indigène.

Un Membre dit que, si les capitulations sont respectées, on n'a pas le droit de toucher aux biens habbous. Il faut attendre, avant de rien innover, que la propriété musulmane soit placée sur le même pied que la propriété européenne.

M. le Rapporteur répond que la capitulation de 1830 a garanti le droit de propriété et que ce droit est respecté; seulement les modes de transmission doivent être mis en harmonie avec la législation française. C'est là une attribution du pouvoir législatif qu'on ne peut contester.

Les indigènes musulmans respectent, on l'a dit, toutes les lois qui émanent du Souverain. Eh bien, la loi de 1844 et celle de 1851 avaient déjà apporté des modifications considérables au habbous, en permettant à l'Européen de le faire disparaître pour l'immeuble dont il se rendrait acquéreur. Le décret de 1858 l'a supprimé au profit de l'indigène. Aujourd'hui le habbous n'existe plus.

Le Préopinant rejette cette interprétation. La capitulation de 1830, dit-il, a garanti non-seulement le droit de propriété, mais encore le statut religieux musulman. Or, le habbous est une des prescriptions les plus sacrées du Coran, qui autorise également le réméré et le droit de préemption. On a pu prendre, à cet égard, telles dispositions qu'on a voulu. Les musulmans ont dû les subir, ils ne sauraient les approuver.

Un Membre fait observer que le réméré, avec son caractère de perpétuité que lui reconnaît la loi musulmane, place les Arabes dans les conditions économiques les plus déplorables. L'emprunteur se ruine au profit du prêteur. L'acquéreur à réméré n'a aucun intérêt à améliorer la terre, puisqu'à chaque instant il est exposé à recevoir le remboursement de son argent.

Les conclusions du rapport sont adoptées.

Vœu pour le peuplement européen dans le Tell.

La chambre consultative de la province d'Alger l'a dit avec raison :

« Le peuplement européen est une condition de puissance et de ri-
« chesse publique, de salut pour les indigènes.

« Pendant longtemps, tout le monde a proclamé la nécessité de la
« colonisation européenne en Algérie. C'était le grand but proposé à
« l'activité de nos gouverneurs généraux, comme le disait fort bien le
« général Ribourt. Il faut un million d'Européens, disait le général Al-
« lard au Corps législatif. Depuis, au Sénat, M. le général Daumas a
« exprimé les mêmes idées.

« C'est l'élément européen qui est le promoteur de tout mouvement
« dans ce pays, et si, avec 200,000 Européens, l'Algérie est arrivée à
« prendre une place distinguée dans la production et le commerce, que
« serait-elle avec un million ?

« Le peuplement européen est en même temps le salut des indi-
« gènes.

« Les deuils des derniers temps attestent cruellement que la misère
« des indigènes a augmenté en raison de leur éloignement des centres
« européens, en raison de leur isolement au milieu de ces solitudes, où
« ils ne trouvent ni le travail ni l'assistance que donnent le commerce

« et l'industrie des Européens placés au milieu des mille nécessités que
« crée la civilisation. »

Et c'est là , qu'on le remarque, l'explication de ce fait que les territoires civils n'ont point souffert, tandis que les territoires militaires
étaient désolés par la famine. Pendant le cours de ces dernières années,
le mouvement de l'immigration a cessé. M. le gouverneur général le
constatait à la dernière session du Conseil supérieur.

C'était tout simple : la doctrine du peuplement européen avait été
remplacée par celle que nous définirions par le mot *statu quo arabe*. On
avait paru croire qu'il y avait en Algérie assez d'Européens.

Pour faire renaître ce mouvement, le Gouvernement doit revenir à
proclamer la nécessité du peuplement européen.

Quant aux modes à employer, tous sont bons, s'ils sont employés
avec discernement. Au premier rang, nous placerons la création des
centres européens.

C'est le principal moyen d'appeler des immigrants. C'est autour des
centres que viennent ensuite s'établir des colons. C'est alors qu'on
achètera ; la liberté des transactions ne restera plus lettre morte. Les
Européens, naturellement, aiment à se grouper autour des centres.

En présence de ces vérités, l'Administration s'est préoccupée de
l'établissement de certains centres dans la province d'Alger ; mais ces
centres étudiés depuis longtemps ne peuvent suffire.

M. le Gouverneur général a, dans le cours de l'année, fait, par la voie
des préfectures de France, un appel solennel à l'immigration. Nous
sommes convaincus qu'il a reçu un grand nombre de demandes. Il
faut y satisfaire. Il ne faut pas que ceux qui veulent répondre à cet appel
ne trouvent pas d'emplacements.

L'étude des centres à créer doit être poursuivie sans discontinuation,
afin que, de proche en proche, les populations indigènes se trouvent
nécessairement mêlées aux populations européennes. Les rapports for-
cés de chaque jour, la fusion des intérêts, amèneront la fusion des
races.

Mais il faut de la terre : les 900,000 hectares annoncés autrefois au
Corps législatif n'existent plus ; les 400,000 hectares annoncés plus
tard n'existent plus ; à peine a-t-on pu trouver les 100,000 hectares dus
à la Société générale algérienne. Il reste peu de terre au domaine ; mais,

dans tous les cas, il serait bon que les terres qui restent fussent connues. Nous sommes certains qu'elles seraient bientôt demandées et occupées. Que s'il n'existe pas de terre domaniale, il faut procéder par voie amiable ou par voie d'expropriation; et quant à l'établissement, on doit y procéder par concession ou par vente : par concession pour l'intérieur, par exemple; par vente pour les lots extérieurs.

C'est là le système proposé par la chambre consultative d'agriculture.

En résumé, ce que nous demandons, c'est que le mot d'ordre soit : *le peuplement européen.*

Ce n'est là que le renouvellement d'un vœu constamment exprimé par le Conseil général.

Le rapport est adopté.

Fixation du taux légal de l'intérêt en Algérie.

UN AUTRE RAPPORTEUR a la parole au sujet de l'avis demandé au Conseil sur un projet de décret *pour la fixation du taux légal de l'intérêt en Algérie.*

M. LE RAPPORTEUR s'exprime ainsi :

Aux termes de l'ordonnance du 7 décembre 1835, la convention sur le prêt à intérêt fait la loi des parties. L'intérêt légal, à défaut de convention, est de 10 p. o/o.

Depuis 1835, les conditions du crédit se sont améliorées, et, sous l'influence de ce fait, la Chambre de commerce d'Alger a cru devoir soulever la question de savoir s'il n'y avait pas lieu d'abaisser le taux de l'intérêt légal.

Le Conseil général, dans sa session de 1866, a émis un vœu dans ce sens.

La question a été mise à l'étude, et le Conseil de gouvernement aurait adopté, après instruction, les deux points suivants :

« 1° Maintien de la liberté du prêt conventionnel;

« 2° Nécessité d'apporter une réduction dans le taux de l'intérêt « légal. »

Mais, quant aux autres points :

« En présence, dit ce Conseil, des *divergences* qui existent dans les « appréciations fournies, il est nécessaire d'étendre, autant que possible, « les renseignements dont l'administration supérieure a le devoir de « s'entourer. »

C'est en conséquence de cet avis que M. le Gouverneur général a chargé M. le Préfet de soumettre à votre examen les questions suivantes :

1°. Convient-il de confondre encore le taux d'intérêt légal en matière civile et en matière commerciale ?

2° Étant donnée la nécessité de réduire le taux légal, n'y a-t-il pas lieu de devancer un peu les faits, et de l'abaisser, dès à présent, au chiffre de 6 p. o/o ?

3° Quelles pourraient être les influences de cette réduction sur les intérêts engagés au point de vue des mesures transitoires à prendre ?

En présence de questions aussi graves et qui méritent une véritable étude, il est regrettable que le Conseil ne soit pas prévenu plus tôt et qu'il n'ait pas plus de temps. Quoi qu'il en soit, nous allons essayer d'indiquer les difficultés de la solution et dans quel sens elle doit être recherchée.

Quant à l'article 1ᵉʳ de l'ordonnance qui consacre la liberté du taux conventionnel de l'intérêt, aucune modification n'est demandée, nous n'avons pas à nous en occuper.

Le maintien du principe de la liberté ne saurait être contesté dans un pays naissant, comme l'Algérie, où il faut appeler les capitaux. Il peut l'être d'autant moins que, présentement, le Conseil d'État est saisi de la question de savoir s'il ne faut pas établir ce principe en France.

C'est l'avis de tous les économistes. Cet avis est aujourd'hui partagé par tous les jurisconsultes intelligents des besoins de leur temps. Il ne saurait en être autrement en présence des opérations de commission, d'escompte, de société et de bourse que nos lois autorisent et que les tribunaux consacrent.

Or, lorsque le Conseil d'État aura déclaré que le taux de l'intérêt conventionnel doit être libre, il sera obligé d'examiner la question de l'intérêt légal.

Il est indispensable de fixer l'intérêt à payer par le débiteur dans tous les cas où la convention est muette et où la loi reconnaît que des intérêts sont dus.

Mais faut-il établir un chiffre fixe et invariable pour tout le pays? sinon comment organiser les différences d'intérêt?

Nous n'avons point à prévoir ce que fera le Conseil d'État. Les lumières des hautes notabilités qui le composent sauront certainement résoudre le problème.

Dans cette situation ne serait-il pas sage d'attendre? Est-ce que les études et les discussions qui auront lieu ne nous éclaireraient pas?

Il est permis de croire qu'en France le principe d'une fixation unique prévaudra. On aime l'unité. Si l'argent est une marchandise, le minimum et le maximum de sa valeur peuvent être facilement déterminés, et dans les diverses contrées, il peut ne pas y avoir de trop grandes différences. Il en résultera que, sans blesser aucun intérêt, on pourra trouver une moyenne qui constituera le taux de l'intérêt légal d'une façon satisfaisante pour tous.

En principe, les économistes enseignent, nous les avons vérifiés, que l'intérêt légal doit être fixé un peu au-dessus de l'*intérêt usuel*.

Pourquoi? En voici les raisons :

Si l'intérêt légal est au-dessous de l'intérêt usuel, les débiteurs ont intérêt à retarder le payement, car, pendant ce temps, ils bénéficient d'une différence.

En Algérie, nous pouvons attester avoir vu des exemples de ce calcul, même avec le taux légal de 10 p. o/o, et tous les frais judiciaires qui étaient la conséquence d'une résistance pareille. On avait avantage à agir ainsi, par ce que, entre l'intérêt légal et l'intérêt usuel, la différence était considérable.

Les prévisions des économistes théoriciens ont été ainsi justifiées par le fait.

Si l'intérêt légal est, au contraire, au-dessus de l'intérêt usuel, ce n'est pas plus juste en soi. Mais les conséquences n'en sont pas cependant aussi graves, parce que le débiteur, en cas de contestation ou de retard obligé en dehors de son fait, peut se décharger en consignant.

Il est donc vrai de dire que le taux légal doit être fixé un peu au-dessus de l'intérêt usuel.

Et il en doit être d'autant plus ainsi que, en cette matière, remarquez-le bien, c'est l'intérêt du créancier plutôt que celui du débiteur qu'il faut envisager.

Et, en effet, quels sont ceux qui encourent l'application de l'intérêt légal? Ce sont, d'ordinaire, des mandataires, des tuteurs, des comptables en un mot ; et dans l'intérêt légal il y a véritablement deux caractères : celui du prix normal de l'argent, et celui aussi d'une indemnité pour le retard.

Nos lois de procédure sont toutes faites au profit du débiteur qu'on appelle toujours « malheureux, » tandis qu'elles favorisent peu « l'avide « créancier. » Aussi, sous ce rapport ont-elles été vivement critiquées par Dupin avec la verve éloquente du bon sens.

Il faut, lorsqu'on est appelé à régler ces matières, apprécier aussi équitablement que possible les exigences des deux parties.

En vertu de ces considérations nous pensons qu'il y a lieu d'admettre le principe posé par les économistes.

Ce n'est plus, dès lors, qu'une question de fait. — Quel est le taux usuel de l'argent en Algérie?

La terre donne un revenu qui n'est point en rapport avec la valeur vénale. Les acquéreurs manquent, la concurrence fait défaut pour la vente. En réalité, le revenu est, à ce point de vue, relativement supérieur, surtout en comparaison du revenu de la terre en France.

Et dans la province d'Alger, quel est le taux des placements hypothécaires?

Si, d'après un tableau qui n'est peut-être pas complet, il est de 8 à Alger et dans quatre localités, il est de 10 et plus dans huit; de 9 et plus dans dix-sept; de 7. 65 dans une, Sidi-Moussa; de 6. 59 dans une seule autre, la Rassauta. Dans ces deux centres, c'est évidemment un simple accident.

Quel est le taux des opérations de banque? D'après le mémoire de M. le Préfet joint au dossier, le prix de ces opérations serait de 6. 25 à 7.

Nous aurions désiré avoir les pièces justificatives. Sans doute, l'établissement de la Banque de l'Algérie, celui du comptoir de la Société générale algérienne doivent avoir pour effet de produire un certain abaissement dans le prix des opérations de banque. L'argent est moins rare, le crédit plus facile?

Mais est-on bien sûr que l'abaissement soit général, que le minimum général soit de 6. 25 et le maximum de 7?

Nous en doutons fort, alors que la Banque de l'Algérie n'admet à l'escompte que les commerçants domiciliés au lieu où siége le comptoir. Cet abaissement est peut-être vrai pour ceux qui sont à portée des banques. Mais est-il aussi vrai pour ceux qui en sont éloignés, pour ceux qui sont obligés d'avoir recours aux escompteurs particuliers?

Si la situation que nous signalons est la vraie, on peut se demander s'il est bien nécessaire d'abaisser le taux de l'intérêt légal.

On peut se demander si, en prenant même la moyennne du taux hypothécaire et du taux réel des opérations de banque et d'escompte, commissions et accessoires compris, on n'arriverait pas à un chiffre de 10 p. o/o. Jusqu'à ce qu'une enquête sur ce point soit faite dans toutes les localités où il se conclut des affaires, nous nous croyons autorisés à dire que la moyenne atteindrait 10 p. o/o.

Et c'est là, Messieurs, la difficulté de la question. Cette difficulté réside en ceci : qu'on vous propose une mesure unique et générale pour toute l'Algérie, alors que le taux usuel de l'intérêt est essentiellement différent, suivant les localités de ce vaste pays. — Entre les plus rapprochées des centres financiers et les localités voisines il y a déjà des différences, qu'est-ce que ce doit être entre celles-là et les plus éloignées?

Et cette difficulté, elle ne pouvait échapper au Conseil du gouvernement, aussi voyez-vous l'embarras se traduire dans les termes mêmes de la question où l'on vous demande : « S'il n'y a pas lieu *de devancer* « *un peu les faits* en abaissant, *dès à présent* le taux légal à 6 p. o/o.

N'est-ce pas reconnaître expressément qu'il n'est pas temps encore de modifier l'état actuel de la législation?

Et, en effet, en admettant même qu'à Alger le taux général se soit abaissé jusqu'au minimum de 6 à 7 p. o/o, il n'en est pas de même ailleurs, et l'écart entre Alger et toutes les autres localités de l'Algérie est considérable. De telle sorte que l'abaissement du taux légal, qui pourrait être acceptable pour la ville d'Alger, ne l'est vraiment pas pour ailleurs, surtout dans les mêmes proportions.

Juste pour Alger, la mesure serait injuste pour toute autre localité de la province même, et, au fond, ainsi que nous l'avons dit, il y a moins d'inconvénient à ce que le taux légal soit au-dessus du taux usuel qu'à ce qu'il soit au-dessous.

En présence de ces difficultés réelles, vous ne vous étonnerez pas « des divergences » qui, d'après la lettre de M. le Gouverneur général, existent dans les appréciations qui ont été fournies par les diverses autorités consultées.

Pour résoudre la question, que faire?

Nous inclinerions pour le *statu quo* : parce que la propriété n'est pas assez uniformément assise, et que les opérations de banque ne sont pas arrivées à des conditions assez égales pour qu'il soit possible de tirer de là une moyenne satisfaisante.

« C'est devancer les faits. » On croit que le taux légal aura pour effet de contribuer à l'abaissement du taux conventionnel. Nous ne partageons pas cet avis. L'intérêt conventionnel est libre, il ne subira jamais que les lois économiques de l'offre, de la demande et des garanties. Si vous abaissez le taux légal, on se précautionnera d'autant plus, et avec raison, on ne négligera pas de stipuler. En définitive, l'abaissement ne servira qu'aux comptables en retard.

Que si, cependant, on croit nécessaire d'abaisser le taux légal, faut-il adopter un chiffre uniforme pour toute l'Algérie? et quel chiffre? Faut-il fixer un chiffre permanent pour chaque arrondissement après enquête? Faudrait-il établir une mercuriale qui, chaque année, serait dressée pour chaque arrondissement, avec le concours, par exemple, des chambres de commerce et d'agriculture? Faut-il, au lieu d'un chiffre fixe, établir un minimum et un maximum au milieu duquel le juge aurait le droit de se mouvoir?

Pour examiner toutes ces solutions, il faudrait un temps et une réflexion que nous ne pouvons donner à cette étude.

Si on veut absolument fixer un chiffre uniforme pour toute l'Algérie, le chiffre le plus rapproché du chiffre actuel nous paraîtrait préférable à celui de 6 p. o/o porté au projet, et qui, évidemment, est trop inférieur.

Mais, étant donné le principe que l'argent est une marchandise, et le prix de la marchandise étant nécessairement variable, l'argent doit subir, et il subit, en effet, les mêmes variations, suivant la loi économique. Lorsque, pour une marchandise dont le prix n'a pas été fixé, il y a contestation entre le vendeur et l'acheteur, la mercuriale, c'est-à-dire l'indication du prix à telle époque et dans telle localité donnée, est là, et on y a recours.

Il faudra qu'on en arrive là pour l'argent. C'est pourquoi, au lieu d'une fixation uniforme, pensons-nous que le système, par suite duquel le taux légal serait différencié suivant la valeur de l'argent dans un arrondissement donné, serait préférable.

Quant à la question de savoir s'il faut confondre le taux de l'intérêt légal en matière civile et en matière commerciale, nous pensons qu'il n'y a aucun inconvénient à ne fixer qu'un taux unique. La différence ne pourrait être qu'insignifiante.

Enfin, Messieurs, le projet de décret dispose que, « néanmoins, le « capital des rentes constituées sur des immeubles et qui demeurent es- « sentiellement rachetables, en conformité de l'article 11 de l'ordonnance « du 1ᵉʳ octobre 1844, continuera à être évalué à dix fois le montant « annuel desdites rentes pendant les cinq années qui suivront la pro- « mulgation du présent décret. »

Nous croyons qu'il y a lieu, tout en admettant le principe posé, de modifier les dispositions du projet.

L'article 11 de l'ordonnance du 1ᵉʳ octobre 1844 dispose que : « toute « rente perpétuelle est essentiellement rachetable, nonobstant toute sti- « pulation contraire. »

L'article 12 poursuit : « Le rachat s'effectuera au taux légal de l'intérêt « de l'argent, tel qu'il se trouvera fixé pour l'Algérie à l'époque du rem- « boursement. Toute convention contraire sera considérée comme non « écrite. »

Veuillez, Messieurs, vous rendre compte de la portée de cet article. La conséquence de l'abaissement du taux légal, c'est l'élévation du capital à rembourser.

De cette façon, si lo taux était abaissé à 6 p. o/o, alors qu'une rente de 1,000 francs serait actuellement remboursée par un capital de 10,000 francs, elle ne pourrait plus l'être que par un capital de 16,666 francs.

A notre avis, ceci serait injuste à tous les points de vue. Les parties ont contracté sous l'empire d'une loi ; leur situation ne peut et ne doit être changée ni en bien pour l'un, ni en mal pour l'autre.

Et puis, figurez-vous le trouble jeté par là dans l'état hypothécaire existant. Tel créancier qui ne croit être primé que par un capital de 10,000 francs serait primé par un capital de 20,000 francs.

Le Conseil de gouvernement s'est préoccupé de ce point, et il a déclaré que, nonobstant l'abaissement du taux légal, les rentes continueraient à être remboursées à 10. Mais ce ne serait que pendant les cinq années qui suivraient la promulgation du nouveau décret que le remboursement pourrait se faire à ce taux. Après ces cinq années, le remboursement se ferait à 6, en sorte qu'arrivant le dernier jour de la cinquième année, le débiteur qui s'était couché débiteur de 10,000 fr. se réveillerait le lendemain débiteur de 16,666 francs.

Mais pourquoi, si la disposition est juste, serait-elle restreinte à cinq années ? Pour obliger les débi-rentiers à rembourser les rentes, sans doute. Et de quel droit imposer ainsi indirectement, et sous peine de payer un capital plus considérable, un remboursement que le débi-rentier est libre de racheter à sa volonté ! C'est la liberté du rachat qui est le principe de la matière.

« Les lois, dit le savant Merlin, en autorisant le contrat de constitu-« tion, ont voulu que le débiteur eût, en tout temps, la faculté de se « libérer. C'est une faculté imprescriptible. »

Or, n'est-ce pas méconnaître ce principe que d'obliger le débi-rentier à payer dans un temps donné ? Le débi-rentier n'est-il pas seul juge de l'opportunité et de l'avantage ou du désavantage qu'il a à rembourser ?

Objectera-t-on que l'argent diminuant progressivement de valeur, le législateur a eu, dans tous les temps, le droit et le devoir de fixer le taux du remboursement des rentes, et que, dans notre histoire, nous voyons que les rentes constituées au denier dix, et rachetables à ce taux, ont fini par être déclarées ne pouvoir être rachetées qu'au denier vingt.

L'examen de ce point historique et des motifs de ces prescriptions nous mènerait trop loin. Contentons-nous de répondre qu'il a fallu deux siècles pour arriver à constater, en France, l'abaissement de la valeur du capital, et qu'en Algérie, ce n'est pas en vingt-cinq années que cette valeur peut avoir baissé de telle façon que la mesure puisse se justifier.

Nous répétons que ce qu'il y a de plus juste, c'est que chacune des parties reste soumise à la loi de l'époque du contrat. En conséquence, sur ce point, la Commission vous propose de demander la suppression de la dernière partie de l'article 4 du projet, à partir des mots : « Pen-« dant les cinq années qui suivront la promulgation du présent décret, » et d'émettre l'avis qu'il y a lieu d'abroger l'article 12 de l'ordonnance précitée, et de dire nettement que les rentes constituées sous l'empire de l'ordonnance qui a fixé le taux légal à 10 p. o/o continueront à être remboursées à ce taux.

Un édit de Louis XV, modificatif du taux des rentes, se termine ainsi : « Nous n'entendons rien innover aux contrats faits jusqu'au jour « de la publication du présent. »

C'est une mesure semblable qu'il faut prendre.

En résumé, la Commission vous propose de déclarer :

1° Que, présentement, il ne paraît pas exister de raison suffisante pour modifier l'ordonnance sur le taux légal ;

2° Subsidiairement, qu'il ne paraît pas juste de fixer un chiffre uniforme pour toute l'Algérie, et qu'il faut rechercher un système à l'aide duquel le taux légal soit fixé pour chaque arrondissement donné ;

3° Que, dans le cas d'adoption du principe d'un chiffre uniforme, celui qui se rapprochera le plus du chiffre actuel serait préférable à celui de 6 p. o/o proposé ;

4° Quant à la disposition relative au remboursement des rentes, il y a lieu de déclarer que les rentes constituées sous l'empire de l'ordonnance du 1er octobre 1844 continueront à être remboursées à 10 p. o/o.

Un Membre fait observer que les conclusions du rapport, en laissant à 10 p. o/o le taux légal de l'intérêt, sont en contradiction avec un vœu

émis par le Conseil, dans une précédente session, pour que ce chiffr
fût abaissé à 7 p. o/o.

M. le Rapporteur répond que cette contradiction n'existera pas s
on adopte le principe d'un taux variable, qui pourrait être à 7 pou
Alger, où les emprunts hypothécaires sont à ce taux, et à 8, 9 et 1
pour les villes où les emprunts se font à un taux plus élevé.

Le rapport est adopté.

Vœu pour que, dans le Tell, les indigènes soient tenus de prendr
un nom de famille, et qu'il soit pris les mesures nécessaires pour l
constatation de leur état civil.

M. le Rapporteur s'exprime ainsi :

C'est surtout, Messieurs, relativement à la situation des indigène
qu'il est juste de dire que les questions algériennes sont des question
économiques, sociales et légales.

En effet, quelle est cette situation? L'indigène naît, se marie e
meurt sans que ces faits soient constatés. Son âge, il ne le sait jamais
Sa filiation est confiée à la seule mémoire des parents ou des voisins
Ses mariages, faits aujourd'hui, sont défaits demain, sans que ce chan
gement puisse être connu.

La famille est murée de telle façon qu'elle est impénétrable.

Qu'arrive-t-il? Au point de vue du crédit personnel de l'indigène
c'est que ce crédit est impossible. Les charges de la famille de l'em
prunteur sont inconnues.

De même, au point de vue du crédit immobilier, si le débiteur n'a
pas même un nom de famille, comment arriver à constituer un éta
hypothécaire. C'est encore impossible.

De là une conséquence : c'est que l'indigène ne peut échapper aux
excès de l'usure.

Cette situation se révèle d'une manière désastreuse dans la pratique
Les conservateurs, pour leur propre garantie, ne peuvent s'empêche
de comprendre sur les états qu'ils délivrent tous les noms semblables

à celui qui leur a été proposé. De là des frais d'abord, et mille difficultés ensuite. Ce qui n'est certainement pas propre à faire aimer notre code de procédure par les Arabes.

Cela posé, que faire? Il faut imposer, et pour leur grand bien, aux indigènes : 1° un nom de famille; 2° un état civil.

Déjà, un premier vœu en ce sens a été adopté par le Conseil général en 1863, de même par la Chambre consultative d'agriculture en 1866. L'idée a été approuvée en principe par l'Administration. Elle n'a pas été réalisée.

La réalisation est-elle possible? Évidemment.

Ce que nous demandons pour l'Algérie a été fait, en vertu de décrets impériaux, en 1808, 1811 et 1813, à l'égard des habitants de certaines provinces du Rhin et de la Hollande.

En Algérie, l'application du sénatus-consulte était et est encore une occasion naturelle et facile d'arriver à imposer des noms de famille.

Dans les territoires civils, on peut y procéder sans difficulté.

Quant à l'état civil, c'est facile dans ces mêmes territoires; c'est possible dans les territoires militaires. Il y a un assez grand nombre de cadis pour pouvoir organiser l'état civil.

On n'objectera pas, sans doute, que ce serait là déranger l'indigène. Ce ne serait pas sérieux. L'Arabe s'en va assez souvent aux marchés, quelquefois éloignés, sans qu'il y ait rien à faire, pour qu'il puisse bien marcher quelques kilomètres, lorsqu'il lui naît un enfant, qu'il se marie, répudie ou divorce, ou perd un des siens.

On parle toujours de transformer la situation des indigènes. Il faudrait commencer. Les mesures que nous proposons sont un commencement. C'est là une base sans laquelle il n'y a pas d'édifice possible.

Sans nom de famille et sans état civil, on cherchera vainement à ériger un système hypothécaire.

Quelle difficulté y aurait-il à trouver des noms? Aucune. Ces noms se formeront comme les nôtres se sont formés.

Chose bizarre, le propriétaire indigène n'a pas de nom, mais chacun des moksems de sa propriété en a un. La terre est dénommée, et non le maître.

Par ces motifs, la Commission vous propose d'adopter le vœu pr‹
cité.

Un Membre reconnaît les avantages de ce vœu, mais il craint que l‹
habitudes arabes n'en rendent l'application presque impossible.

M. le Rapporteur répond que les haouchs ont tous des noms part‹
culiers pour les distinguer, et qu'on ne comprend pas pourquoi l‹
familles ne suivraient pas la même règle.

Le vœu est adopté.

Vœu tendant à la naturalisation collective des israélites indigènes.

Ce vœu est ainsi motivé :

Considérant que chaque jour voit augmenter les inconvénients et le‹
difficultés que fait naître le statut personnel des israélites indigènes;

Considérant qu'il est temps de faire cesser tous les doutes, et le‹
incertitudes que le sénatus-consulte du 14 juillet 1865 a fait naître, e
qui se traduisent fréquemment par des procès longs et dispendieux;

Considérant que les nombreuses preuves de patriotisme et les ser‹
vices rendus par les indigènes israélites commandent impérieusemen‹
que le titre de citoyen français leur soit accordé sans retard;

Considérant enfin qu'on ne saurait sérieusement objecter la résis‹
tance qu'une pareille mesure rencontrerait, puisque le consistoire
sraélite de la province a, dans un rapport élaboré par son président e‹
accepté à l'unanimité, demandé directement à l'Empereur leur émancipation complète et absolue;

Le soussigné émet le vœu que le Conseil général veuille bien s'associer à lui pour solliciter l'assimilation générale des israélites indigènes
de l'Algérie.

M. le Rapporteur présente en ces termes les conclusions de la Commission :

Lorsque notre grande Révolution éclata, les israélites n'avaient pas encore d'état civil, quoique depuis plusieurs années ils fussent publiquement tolérés.

Ce fut Mirabeau qui lut à l'Assemblée constituante la requête par laquelle ils demandaient à être déclarés citoyens.

Un décret des 28 septembre et 31 novembre 1791 leur accorda à tous indistinctement les droits civiques.

Mais ce n'était pas assez : leur situation légale n'était pas complétement réglée. Et alors intervint l'événement le plus saillant que nous offre l'histoire des juifs.

Une assemblée israélite fut convoquée à Paris. Les juifs de France et d'Italie envoyèrent leurs députés.

Les questions qui furent soumises à l'assemblée avaient trait aux mariages, aux divorces, aux rapports avec les nouveaux concitoyens, à l'institution et au pouvoir des rabbins.

En principe, l'assemblée déclara que, lors même que leur code religieux renfermerait des dispositions civiles et politiques contraires aux codes français, ces dispositions cesseraient de les régir.

Mais il manquait aux réponses de l'assemblée une sanction. C'est là ce qui inspira la pensée de convoquer un grand Sanhédrin, c'est-à-dire une assemblée de docteurs de la loi ressuscitant l'ancien pouvoir dont les arrêts suprêmes étaient regardés à Jérusalem comme des lois, avant la chute du Temple.

Ce fut, au milieu des solennités les plus saisissantes et avec le plus profond recueillement que cette assemblée procéda.

Elle consacra le principe que les israélites devaient, avant tout obéissance aux lois de l'État.

Ainsi s'accomplit pour les israélites cette évolution nécessaire sans laquelle il n'y a pas de progrès possible : — LA SÉPARATION DU CIVIL ET DU RELIGIEUX.

Telle est la portée et tel est le but du vœu qui vous est proposé.

Ce vœu, Messieurs, se justifie par des considérations particulières à l'Algérie.

Obéissant à l'invitation qui leur a été adressée à une certaine époque, et comprenant, du reste, l'intérêt d'ordre public de cette mesure, les israélites, en grand nombre, ont fait et font chaque jour, dans les villes, constater leurs mariages à l'état civil, suivant les dispositions et le formes prescrites par le Code Napoléon.

Mais, en même temps, de tous les décrets rendus depuis 1830 e du dernier sénatus-consulte, il résulte que le statut personnel des israé lites leur est conservé.

De là la question de savoir si le fait de la célébration du mariag suivant les formes du Code Napoléon entraîne pour l'israélite la renon ciation au statut personnel qui lui est garanti par les décrets et 1 sénatus-consulte.

Si l'on admet l'affirmative, c'est créer un mode nouveau de natura lisation en dehors des lois qui déterminent les conditions nécessaire pour être admis à ce bénéfice.

Au fond, la situation paraît bizarre et anomale; d'une part, o donne lecture, à l'israélite qui se marie, des dispositions d'un code qu prohibe la polygamie, le divorce et la nullité du mariage pour impuis sance naturelle; de l'autre, malgré cette forme de l'acte, on lui recon naît tous les droits dérivant de la loi mosaïque.

Et au moment même où nous parlons, on peut lire dans la *Gazett des Tribunaux* un nouvel arrêt rendu par notre Cour impériale d'Alger chambres réunies, sur les conclusions conformes d'un de nos avocat généraux les plus distingués.

Cet arrêt consacre cette doctrine que, malgré la forme de l'acte d mariage, l'israélite ne conserve pas moins son statut mosaïque.

Quelques tribunaux, s'inspirant d'un arrêt de la Cour de cassation déjà relativement ancien, ont jugé le contraire.

De là il résulte, Messieurs, des procès qui constatent le malaise qu produisent ces tiraillements.

C'est là un mal qu'il faut faire cesser.

Le consistoire israélite s'en est ému, et il a adressé un mémoire l'Empereur.

Le remède, c'est la naturalisation collective des israélites de l'Al gérie, après et sur l'avis d'un grand Sanhédrin.

Pénétrés, comme leurs savants coreligionnaires de 1806, de la gran deur de leur mission, les députés du grand Sanhédrin algérien sauron proclamer que «le titre glorieux de citoyens français, en les honoran

« à leurs propres yeux, doit être un sûr garant qu'ils ne cesseront jamais
« de le mériter. »

Par ces considérations, la Commission vous propose d'accueillir le
vœu qui vous est présenté simultanément par le membre israélite et
un membre français de votre Conseil.

L'AUTEUR du vœu ajoute :

La naturalisation individuelle occasionne beaucoup de difficultés.
Supposons que le père est naturalisé, ayant quatre enfants, dont deux
sont naturalisés et deux non naturalisés. En cas du décès du père, deux
fils se trouvent régis par la loi française et deux fils se trouvent régis
par la loi de leur statut personnel. Comment régler cette succession, là
où il se trouve plusieurs enfants régis par deux lois différentes ? Ces difficultés font naître des procès longs et dispendieux, et, par conséquent,
le désordre et la discorde dans les familles : c'est ce qu'il convient
d'éviter.

Du reste, le consistoire israélite, qui représente la communauté, a
élaboré un travail au sujet de la naturalisation collective, qu'il a envoyé
à l'Empereur par l'entremise du consistoire central de France.

Je prie le Conseil général de vouloir bien appuyer le vœu.

UN MEMBRE demande s'il est bien nécessaire de convoquer un grand
Sanhédrin.

M. LE RAPPORTEUR répond que c'est le seul moyen de dégager la
conscience des israélites.

Le rapport est adopté.

Vœu pour l'inamovibilité de la Magistrature.

Conclusions de la Commission. — La Commission vous propose de renouveler ce vœu, depuis si longtemps proposé.

Elle ajouterait à l'expression de ce désir que le barreau fût organisé selon les modes américain et suisse.

Les licenciés en droit inscrits au tableau plaideraient et feraient la procédure.

Le Code de procédure devrait être réduit à sa plus simple expression, actes et tarifs.

Adopté.

_____

Vœu pour l'institution du Jury en matière criminelle.

Conclusions de la Commission. — En vertu des aspirations généralement exprimées et tendant à l'application du droit commun, la Commission propose de renouveler ce vœu.

Adopté.

_____

Vœu pour l'institution du Jury en matière d'expropriation.

Conclusions de la Commission. — Depuis nombre d'années, l'Administration répond que la question est à l'étude. La Commission propose de renouveler le vœu dont la réalisation est depuis trop longtemps attendue.

Adopté.

_____

Vœu pour l'établissement d'un câble électrique direct entre la France et l'Algérie.

Conclusions de la Commission. — C'est là un vœu à renouveler à l'unanimité. Il est au-dessus de toute discussion. La France communique avec les États-Unis, elle ne communique pas avec l'Algérie. C'est assez dire !

Adopté.

CONSEIL GÉNÉRAL

DE LA PROVINCE D'ORAN.

CONSEIL GÉNÉRAL

DE LA PROVINCE D'ORAN.

Vœu pour que l'Administration fasse étudier un projet de transmission électrique entre Oran et l'Espagne, par Nemours, Melilla, l'îlot Alboran et Adra.

Voici la réponse du Gouvernement :

Le Gouvernement applique tous ses efforts à l'établissement d'une communication sous-marine directe entre l'Algérie et la France, afin d'affranchir les correspondances des nombreux et graves inconvénients que présente leur transit par un réseau étranger.

C'est ce qui résulte des déclarations formelles faites au Corps législatif, dans sa séance du 14 avril 1869, par M. Rouher, Ministre d'État.

On ne peut, dès lors, songer à l'établissement de la ligne demandée entre l'Algérie et l'Espagne, qui offrirait plus de difficultés et moins d'avantages que la ligne actuelle passant par l'Italie.

Envisagée au point de vue des seules relations de l'Algérie avec l'Espagne, cette entreprise serait moins justifiée encore, car elle serait bien loin de couvrir les frais d'exploitation et ceux de premier établissement.

Le rapport de la Commission conclut comme suit:

L'importance que nous attachons à ce fil télégraphique se résume ainsi : 1° deuxième ligne de communication avec la mère patrie, et, dans le cas où le fil de l'Italie viendrait à manquer, nous nous trouverions toujours reliés; 2° le mouvement de l'immigration espagnole s'accentue chaque jour, les échanges commerciaux augmentent à chaque instant, et une communication télégraphique est devenue bien utile pour notre province, en grande partie peuplée par l'élément espagnol. Le câble à immerger est peu considérable de Nemours à Melilla, de Melilla à l'îlot d'Alboran et de cet îlot à Adra. La dépense ne saurait être inabordable, et nous sommes convaincus que le résultat couvrirait l'intérêt de l'argent.

Nous vous proposons donc, Messieurs, de renouveler ce vœu, en priant le Gouvernement de remarquer que nous demandons l'étude de la question, qui éclairera parfaitement la situation.

Un Membre a soin de faire ressortir que, en adoptant le renouvellement de ce vœu, la Commission n'a nullement eu l'intention de substituer une ligne étrangère à une ligne directe reliant l'Algérie à la France, mais seulement de provoquer la création d'un second moyen de communication; que l'utilité de ce double moyen de communication est incontestable et prévient toute interruption dans le service, en cas d'accident sur l'une des deux lignes.

Il soutient qu'il y a lieu, tout au moins, d'insister pour qu'il soit procédé à l'étude de la ligne à établir sur l'Espagne, et qu'il y a un grand nombre de raisons qui militent en faveur de cette étude et de cette création.

M. le Président rappelle que la présentation de ce vœu a été suivie d'une réponse et qu'il n'y aurait pas utilité à renouveler un vœu sur lequel l'Administration s'est expliquée suffisamment. Il expose que le Gouvernement s'est arrêté à un projet de communication directe, au moyen de l'immersion d'un câble entre Toulon et un point déterminé sur la côte de la province de Constantine; que la dépense est évaluée à trois millions; que le budget de l'Algérie et celui de la France y contribueraient chacun jusqu'à concurrence de moitié; que, si l'allocation des sommes nécessaires était faite, l'exécution ne tarderait pas, la fabrication du câble devant être confiée à une de ces compagnies anglaises qui ont de puissants moyens d'action et qui accomplissent un travail avec une célérité extrême;

Qu'il ne paraissait donc pas utile d'insister pour une étude nouvelle qui n'offrirait qu'un intérêt éloigné; que, d'un autre côté, la situation politique actuelle de l'Espagne ne justifiait pas l'établissement de cette ligne.

Le Membre qui a pris précédemment la parole reprend que la réponse placée en regard du vœu n'est pas explicite; qu'il ne s'agit pas d'une création immédiate, mais d'une étude à préparer pour une réalisation en temps opportun; que la dépense d'installation serait relativement assez faible, puisqu'il suffirait de se relier aux télégraphes espagnols, et non d'établir une ligne entière; qu'on ne saurait s'empêcher de reconnaître l'avantage que présenterait une deuxième ligne, pouvant suppléer l'interruption accidentelle de la ligne directe.

Le renouvellement de ce vœu est décidé par le Conseil.

———————

Vœu pour la réduction du prix des dépêches expédiées de la colonie à la métropole, et vice versa.

Voici la réponse faite à ce vœu par M. le Gouverneur général :

« Le prix des dépêches est actuellement de 8 francs, calculé ainsi qu'il suit :

2 francs pour la part de le France;
2 francs pour celle de l'Algérie;
2 francs pour celle du câble;
2 francs pour celle de l'Italie;
———
8 francs.
———

« D'après la loi du 4 juillet 1868, la taxe des dépêches télégraphiques simples circulant dans l'étendue de la France doit être abaissée de 2 francs à 1 franc, à partir du 1er novembre 1869.

« La taxe des correspondances franco-algériennes par voie télégraphique sera donc réduite, à partir de cette époque, de 8 à 6 francs, savoir :

« 1 franc sur la part revenant à la France ;

« 1 franc sur la part revenant à l'Algérie.

« A cette occasion, il convient de rappeler que la réduction prévue par la loi précitée s'applique déjà, en vertu du décret du 5 septembre 1868, aux dépêches télégraphiques circulant exclusivement à l'intérieur de l'Algérie.

« En résumé, la réduction déjà mise en vigueur, celle qui le sera à partir du 1er novembre prochain, témoignent de la suite donnée au vœu du Conseil général de la province d'Oran, au sujet de la taxe en matière de correspondance télégraphique. »

La Commission propose de renouveler ce vœu, bien qu'il ait reçu en partie satisfaction. Il y a un peu mieux à faire. La partie française de 2 francs passe à 1 franc ; la partie algérienne de même. Pourquoi cette différence? France et Algérie sont une.

Le Conseil décide le renouvellement du vœu tendant notamment à la suppression de la taxe pour le territoire algérien.

———

Vœu pour que les membres des Conseils généraux de l'Algérie soient nommés à l'élection.

Voici ce qui a été répondu à l'occasion de ce vœu :

« Un projet en ce moment soumis au Gouvernement pour l'organisation des conseils généraux par l'élection doit donner pleine et entière satisfaction à ce vœu. »

Ce vœu, émis tant de fois par vous, Messieurs, dit le Rapporteur, est sur le point d'arriver à bonne fin. Ce sera votre gloire, à vous nommés par le Gouvernement, d'avoir continuellement voté, depuis les premiers jours, pour le principe de l'élection, et soyez sûrs que le pays vous en tient compte.

Le Conseil décide le renouvellement du vœu.

———

Vœu pour que la durée des sessions des Conseils généraux de l'Algérie soit portée à quinze jours.

M. le Gouverneur général a répondu que :

« Quelque sérieuses que puissent paraître les considérations qui ont fait adopter ce vœu, l'expérience n'avait pas encore suffisamment démontré que le délai de dix jours accordé pour les sessions fût insuffisant, et qu'il pourra être remis à l'étude quand les attributions des conseils généraux auront été étendues. »

La Commission propose de maintenir ce vœu. Chaque année prouve plus clairement l'impossibilité de traiter toutes les questions dans un laps de temps aussi restreint et surtout de consacrer le temps nécessaire à l'étude des documents qui sont remis par l'Administration elle-même.

Un MEMBRE s'étonne de la réponse qui est faite à cette manifestation. Le Conseil, depuis plusieurs années, reproduit ce vœu. Sa demande est fondée sur l'épreuve à laquelle il est périodiquement soumis, appuyé sur l'expérience qu'il a acquise. Un grand nombre de documents doivent être compulsés, consultés, étudiés, à moins qu'ils ne soient déposés pour la forme. Le Conseil et l'Administration locale déclarent que le temps accordé est insuffisant, et une appréciation éloignée est substituée à celle vraie des agents actifs de ce travail important.

Le Conseil décide que ce vœu sera maintenu.

———————

Vœu pour que la Magistrature algérienne soit rendue inamovible.

Ce vœu a été l'objet de la réponse suivante :

« Ce vœu, exprimé déjà plusieurs fois et renouvelé dans la dernière session, est depuis longtemps soumis à l'appréciation de M. le Garde des sceaux. Cette question, qui, en l'état de l'organisation algérienne, ne dépend pas du Gouvernement général, trouvera sans doute sa solution dans le projet de Constitution qui doit être soumis au Sénat. »

La Commission croit devoir insister continuellement sur ce vœu, surtout au m ment où une nouvelle Constitution se prépare. C'est un des vieux refrains du Conseil général; on doit le faire entendre jusqu'à ce qu'il soit pris en considération.

Le Conseil maintient le vœu.

Vœu pour que l'Algérie soit dotée de l'institution du Jury en matière d'expropriation pour cause d'utilité publique, et que les formes, lois et règlements suivis en France dans cette matière soient désormais obligatoirement applicables à l'Algérie.

Il a été répondu ce qui suit :

« L'examen de ce vœu rentrant dans le cadre des questions réservées à la Commission instituée à Paris, il n'est pas possible, quant à présent, de préjuger la solution à intervenir. »

La Commission est d'avis de renouveler le vœu, en le recommandant à toute la sollicitude de la Commission chargée d'élaborer la Constitution.

Le Conseil décide que le vœu sera renouvelé.

Vœu pour l'envoi à Paris de Délégués élus dans les trois provinces, pour présenter leurs observations à propos de la Constitution nouvelle de l'Algérie.

Conclusions de la Commission. — S'il est une chose que, dans ce moment, l'opinion publique en France demande avec un ensemble et une énergie croissant de jour en jour, c'est à coup sûr l'intervention plus large des administrés dans l'administration de leurs affaires. Le Gouvernement ne pouvait se méprendre sur la nature de ce vœu, et il a eu la sagesse de s'y rendre.

Une aspiration pareille existe d'une façon incontestable et non moins accentuée au sein de nos trois provinces, où la part des populations dans l'administration des affaires publiques a été jusqu'ici bien plus restreinte que dans la métropole.

Le Gouvernement ne devait pas se montrer moins sage à leur égard; aussi s'occupe-t-il de faire élaborer pour elles le projet d'une Constitution nouvelle, dont la teneur nous est encore inconnue, mais que nous avons lieu de croire plus libérale.

Il n'est pas besoin d'établir que ce projet touche à nos intérêts les plus chers, et exercera sur notre avenir une influence décisive.

Pour une foule de mesures, infiniment moins importantes, l'Administration en France, et même en Algérie, n'hésite pas à ouvrir, avant de statuer, une enquête dans laquelle les intéressés sont appelés à présenter leurs observations directement et sans intermédiaires.

Les populations algériennes ne sauraient se transporter en masse à Paris pour y suivre l'étude de la Constitution projetée; mais, bien qu'elles aient sollicité inutilement jusqu'à ce jour leurs droits politiques, elles se croient fondées à penser que l'on ne compte pas disposer d'elles sans avoir entendu leurs vœux formulés par des mandataires élus par elles et investis d'un mandat formel et spécial, qui manquerait de l'autorité nécessaire s'il n'était pas conféré par le suffrage universel.

Cette élection de mandataires ne serait, du reste, ni longue ni difficile à organiser. Rien n'empêcherait, par exemple, que l'avant-projet de Constitution ne fût immédiatement publié, que les électeurs inscrits sur les listes électorales dressées pour la nomination des conseillers municipaux ne fussent convoqués d'urgence pour élire une commission de vingt-cinq ou trente membres par province, qui, après avoir, dans chaque province, examiné à bref délai le projet, choisirait dans son sein trois ou cinq délégués, chargés de porter et de défendre à Paris leurs observations.

L'Algérie, de cette façon, ne pourrait pas se plaindre de n'avoir été consultée ni entendue, et la Constitution à venir tirerait, de cette satisfaction donnée au sentiment public, une force qui n'est jamais inutile.

La Commission est unanime à proposer l'adoption du vœu. Son auteur a cru devoir se borner à poser un principe, sans entrer dans les détails d'application.

Les membres indigènes présents à la séance demandent que leurs coreligionnaires soient appelés à concourir à la nomination de ces délégués. Un membre demande le même avantage pour les israélites.

Le Conseil, sans se prononcer sur le mode d'exécution énoncé dans le rapport de la Commission, adopte le vœu.

Vœu pour que, en Algérie, les élections des membres des chambres et des tribunaux de commerce se fassent dans chacune des villes qui en sont dotées, non plus par un nombre restreint et privilégié de commerçants notables, mais par l'universalité des commerçants patentés.

Réponse de l'Administration :

« En transmettant à l'autorité supérieure ce vœu, auquel je m'associais, j'avais insisté subsidiairement pour que, dans le cas où il ne paraîtrait pas susceptible d'être accueilli, la liste des notables fût tout au moins augmentée de façon à permettre à toutes les industries d'y être suffisamment représentées.

« M. le Gouverneur général a répondu que, tout en reconnaissant avec le Conseil général que la mesure proposée pourrait se concilier avec les principes qui ont prévalu aujourd'hui dans notre droit public, il ne croyait pas néanmoins qu'elle pût être appliquée, quant à présent, en Algérie, sans y produire de graves mécomptes et sans porter préjudice aux intérêts mêmes qu'on voudrait sauvegarder.

« Mais si le maintien de la législation actuelle a paru à M. le Gouverneur général nécessaire jusqu'à nouvel ordre, Son Exc. a bien voulu admettre qu'il était possible dans la pratique d'atténuer ce que peut avoir d'excessif le privilége qu'elle a créé et de donner ainsi une assez large satisfaction à la pensée qui a inspiré le vœu du Conseil général.

« C'est dans cet ordre d'idées que de 80, chiffre fixé par l'arrêté du 19 février 1868, le nombre des notables commerçants appelés à concourir à l'élection des membres du tribunal de commerce a été élevé, pour cette année, à 100, et celui des électeurs pour la chambre de commerce porté de 85 à 100. »

Tout en remerciant l'Administration de cette réponse satisfaisante, la Commission propose de renouveler le vœu.

Le Conseil, sur la proposition de M. le Président, en exprimant sa gratitude de ce qui a été fait pour sa réalisation partielle, décide que le vœu sera renouvelé.

Vœu pour qu'un large dégrèvement soit accordé à l'Algérie sur les droits de mutation en matière immobilière et sur le taux des frais de justice en général.

Réponse de l'Administration :

« M. le Gouverneur général m'a fait connaître que cette question touchant, d'une part, au régime financier de l'Algérie, et, d'autre part, à l'organisation du service judiciaire, matières comprises dans la nomenclature des affaires en ce moment soumises à l'examen de la Commission chargée d'élaborer le projet sur la Constitution de l'Algérie, il y avait lieu d'attendre la solution à intervenir. »

La Commission propose de recommander ce vœu à toute la sollicitude de la Commission chargée de préparer la Constitution de l'Agérie.

Le renouvellement du vœu est adopté.

Vœu pour la promulgation de la loi sur l'instruction primaire. — *Le Conseil renouvelle son vœu des sessions précédentes pour la promulgation en Algérie, sauf les modifications indispensables, de la loi de 1850 sur l'enseignement public et des autres lois et décrets qui régissent l'instruction primaire dans la métropole.*

Réponse de l'Administration :

« La réalisation de ce vœu, a répondu M. le Gouverneur général, a depuis longtemps éveillé mon attention et a été l'objet d'études concertées avec le Ministre de l'instruction publique; mais les questions de l'organisation de l'instruction publique en Algérie étant comprises dans la nomenclature des affaires en ce moment soumises à l'examen de la Commission chargée de préparer la Constitution de l'Algérie, j'ai tout lieu d'espérer qu'elle recevra une solution conforme aux besoins et aux vœux des Conseils généraux. »

La Commission est d'avis de renouveler le vœu, en le recommandant à toute la sollicitude de la Commission chargée d'élaborer la Constitution.

Le Conseil décide que le vœu sera renouvelé.

Vœu pour que l'effectif de la gendarmerie en Algérie soit augmenté dans une proportion très-considérable.

Il a été fait la réponse suivante :

« L'Administration supérieure s'est déjà préoccupée de donner satisfaction aux intérêts invoqués, en accordant vingt-sept brigades nouvelles pour l'Algérie. La solution que comporte cette question demeure subordonnée à l'obtention des crédits nécessaires pour parer à la dépense à laquelle donnera lieu l'augmentation de l'effectif de ce corps d'élite. »

Conclusions de la Commission. — Ce vœu répond à l'opinion qui apprécie les services rendus par la gendarmerie, et voudrait la voir s'établir sur un plus grand nombre de points du territoire.

Son activité, son intégrité lui ont acquis la confiance générale. Malheureusement, composée exclusivement de Français, elle se trouve souvent gênée dans son action vis-à-vis des indigènes, par la difficulté de constater les noms et de reconnaître les personnes.

On pourrait y remédier en la faisant assister d'auxiliaires indigènes.

La suppression du régiment de gendarmerie de la garde impériale va permettre d'ajouter six brigades à la légion d'Afrique; mais cette augmentation, qui se réduit à un total de trente hommes, est insuffisante; elle ne répond pas au désir des populations.

La Commission propose de renouveler le vœu.

M. le Général commandant la province fait observer que le rapport de la Commission interprète inexactement ce qu'il a dit dans son discours sur le service de la gendarmerie. On ne peut lui attribuer un blâme contre ce corps d'élite. Ses procès-verbaux sont souvent infructueux, il est vrai, quand il procède à des investigations dans les territoires arabes, mais cet insuccès est la conséquence nécessaire de son ignorance de la langue des indigènes et du pays dans lequel il opère. Dans ces cas, son zèle et son dévouement sont à l'abri de tout reproche. Il faudrait les utiliser dans les territoires où ils peuvent s'employer utilement. Dans les tribus, les agents indigènes, connaissant la langue arabe, les suppléeront avantageusement. Ces agents imposeront d'ailleurs au budget une charge moins lourde que l'augmentation de l'effectif de la gendarmerie.

Un Membre émet le désir de l'institution d'une gendarmerie mixte. On diminuerait ainsi le nombre des procès-verbaux infructueux. Les gendarmes français et les gendarmes indigènes opérant en commun, les premiers dresseraient les rapports sur leurs propres observations en s'éclairant des connaissances spéciales des seconds.

M. le Préfet répond que cette institution est créée, que des locaux sont préparés sur quelques points pour la recevoir et qu'elle fonctionne déjà à Relizane.

Sur la proposition de M. le Président, le Conseil renvoie le rapport à la Commission pour modification dans sa rédaction.

Cette rédaction, modifiée et telle qu'elle est reproduite plus haut, a été approuvée, dans la séance du 11 octobre, par le Conseil, qui a adopté la proposition de renouveler ce vœu.

Vœu sur l'Enquête agricole. — *Le Conseil appelle toute la sollicitude du Gouvernement sur les vœux émis par la Commission provinciale, pendant le cours de l'enquête agricole, et exprime l'espoir que ces vœux ne demeureront pas stériles.*

Aucune réponse n'ayant été faite relativement à ces deux vœux, la Commission propose de les renouveler.

Le Conseil décide que ces vœux seront renouvelés.

Vœu pour que le Gouvernement insiste auprès de la Société générale algérienne, afin qu'elle n'apporte pas de plus longs retards à la mise en œuvre des opérations industrielles et agricoles qu'elle s'est obligée à exécuter, et qu'elle sorte du rôle de simple société de crédit, auquel elle paraît s'être bornée jusqu'à ce jour.

Ce vœu est adopté.

Vœu pour que toute entrave douanière soit supprimée entre le Maroc et l'Algérie.

Réponse de l'Administration :

« A deux reprises, M. le Gouverneur général a demandé cette suppression à M. le Ministre des finances, en faisant valoir que cette mesure radicale lui semblait seule de nature à assurer le succès complet des efforts tentés depuis un grand nombre d'années pour amener les caravanes à reprendre le chemin de l'Algérie.

« M. le Ministre n'a pas, jusqu'à présent, adopté ces conclusions, et il s'est borné à affranchir de l'interdiction de réexpédition la faculté d'entrepôt fictif, en ce qui concerne certaines marchandises, comme le sucre brut, le café et les poudres de traite.

« Cette modification apportée récemment au régime douanier des frontières de terre, bien que ne répondant qu'imparfaitement au vœu exprimé par la chambre de commerce et auquel s'est associé le conseil, n'en constitue pas moins une amélioration dont le commerce peut retirer certains avantages. »

Les avantages consentis par M. le Ministre des finances ne manquent pas d'importance, mais ils sont insuffisants; ce que le Conseil général désire surtout, c'est de revoir les caravanes de l'Ouest reprendre le chemin de Tlemcen ; et elles se garderont d'y reparaître, tant qu'il y aura un dédale de cérémonies douanières. Le commerce du désert est craintif, primitif et s'épouvante de toutes nos savantes formalités.

La Commission propose donc de renouveler avec instance ce vœu, dont la solution avait été promise par Sa Majesté.

Un Membre prie M. le Général et M. le Préfet d'indiquer au Conseil quelle est la situation du régime douanier sur les frontières du Maroc et du désert.

M. le Préfet répond que les droits assez élevés dont étaient autrefois frappés les produits de la fabrication des pays limitrophes ont été totalement supprimés ;

Que des bureaux de douanes ont été conservés sur les frontières du Maroc, de Sebdou à la mer, pour la vérification des marchandises présentées à l'importation, dans le seul but de prévenir l'introduction, de ce côté, des marchandises de provenance anglaise ;

Que le maintien de ces postes est dû aux réclamations des chambres de commerce des principales villes manufacturières de France ;

Que la frontière au sud est libre sur tout son développement.

Un Membre fait observer que l'existence même de ces postes et le contrôle exercé suffisent pour éloigner les caravanes étrangères, lors même qu'elles ne seraient chargées que de marchandises exemptes de droits ; que la suppression d'un poste dans l'intérieur des terres, comme celui de Sebdou, par exemple, ne présenterait aucun inconvénient ; que l'éloignement du rivage et la nécessité, pour arriver, d'accomplir un long trajet à travers le Maroc, grèveraient la marchandise de contrebande de frais trop élevés pour permettre de réaliser un bénéfice sur un semblable trafic ; que l'affirmation des Conseils généraux à cet égard est de nature à rassurer les chambres de commerce et les centres mafacturiers ; qu'aucune concurrence n'est à redouter.

M. le Président dit au Conseil que le Conseil supérieur s'est déjà prononcé pour la suppression de tous les postes de douane sur la frontière.

M. le Général commandant la province ajoute qu'il est constant que les postes de Sebdou et de Tlemcen n'ont été d'aucune utilité depuis plusieurs années ; qu'ils n'ont eu aucune contravention à réprimer ; que, d'ailleurs, le transport des marchandises à travers la partie du Maroc avoisinant la frontière est impraticable ; que l'absence de sécurité individuelle et la certitude d'être dépouillés sur le trajet à parcourir rendent impossible toute introduction de marchandises prohibées et suffisent pour préserver de toute concurrence les produits nationaux sur ce point.

Les conclusions de la Commission sont adoptées.

———

VŒUX PRÉSENTÉS PAR LA CHAMBRE DE COMMERCE.

Vœu pour que les terrains communaux soient attribués définitivement aux communes dans la plus large proportion possible.

Ce vœu est appuyé par le Conseil.

———

Vœu pour que les vins de l'Algérie soient admis, concurremment avec les vins de France, dans les fournitures de l'armée d'Afrique.

Le Conseil appuie ce vœu.

———

OBSERVATIONS DES MEMBRES INDIGÈNES DU CONSEIL AU SUJET DE L'ADMISSION DES ARABES PARMI LES COLONS EUROPÉENS. — DÉLIVRANCE DES TITRES DE PROPRIÉTÉ.

« Le Conseil général désire que les Arabes soient administrés civilement.

« Notre intention n'est pas de combattre l'idée d'appliquer le régime civil aux indigènes qui n'y sont pas encore soumis ; mais avant, il nous paraît indispensable que la propriété arabe ait été définitivement constituée et que les détenteurs possèdent des titres réguliers, à l'abri de tout doute et de toute contestation. Ils seront ainsi placés, en matière de possession territoriale, sur le même pied que les Européens avec lesquels ils seront appelés à vivre.

« Considérant que les deux éléments, réunis dans les conditions que nous venons d'énoncer, pourraient alors conclure avec sécurité des transactions réciproques ;

« Nous demandons qu'un vœu soit émis pour que les titres réguliers des propriétés dont il s'agit soient délivrés aux indigènes le plus tôt possible. »

Le Conseil, sur la proposition de la Commission, déclare s'associer de toutes ses forces à ce vœu, puisqu'il est la manifestation d'un désir commun.

Vœu pour que le nombre des agents financiers, pour l'assiette et la perception des impôts arabes, soit augmenté, et que leur intervention soit étendue.

La réponse suivante a été faite par l'Administration :

« Cette affaire n'a point été perdue de vue, mais sa solution est subordonnée à la réorganisation du service des contributions dont le projet est actuellement à l'étude. »

La Commission propose de ne pas renouveler le vœu.

Un Membre fait observer que la suppression de ce vœu, malgré les motifs donnés dans ce sens, pourrait faire croire à un changement dans la pensée du Conseil. Il vaut mieux le maintenir pour en assurer la réalisation.

Le Conseil décide que le vœu sera renouvelé.

Vœu pour que la subvention accordée annuellement aux budgets provinciaux, au lieu d'être fournie uniquement par l'impôt arabe, soit prélevée sur l'ensemble des revenus généraux du Trésor en Algérie.

Réponse de l'Administration :

« Ce vœu touche directement au régime financier des provinces algériennes, dont la question est comprise dans la nomenclature des matières en ce moment soumise à l'examen de la Commission chargée de préparer la Constitution de l'Algérie. Il convient donc d'attendre la solution qui doit intervenir à la suite des travaux de cette Commission. »

La Commission propose de renouveler ce vœu, dont l'importance n'échappe à personne, et de le recommander à toute la sollicitude de la Commission chargée de préparer la Constitution de l'Algérie.

Le Conseil décide que ce vœu sera renouvelé.

Vœu pour que le Gouvernement obtienne, par voie diplomatique, l'abolition des mesures restrictives qui entravent le commerce entre les ports espagnols et ceux de l'Algérie.

« En ce qui concerne ce vœu, dit M. le Gouverneur général, répondant à la communication qui lui en avait été faite, M. le Ministre des affaires étrangères, à qui je m'étais adressé, n'a même pu obtenir la levée des quarantaines et des prohibitions sanitaires dont les provenances de l'Algérie étaient frappées en Espagne. La révolution dont ce pays vient d'être le théâtre a modifié cet état de choses, dont le commerce d'Oran se plaignait à juste titre. Mais il n'échappera pas au Conseil général qu'il y a une différence considérable entre la suspension des règlements sanitaires éventuels et la modification de lois constituant le régime des impôts perçus à l'entrée des importations par la frontière de mer. M. le Ministre des affaires étrangères obtiendrait sans doute moins facilement encore cette dernière concession que l'adoucissement des quarantaines, qu'il a demandé en vain. D'ailleurs les quelques mois qui viennent de s'écouler n'ont pas été favorables à une tentative de cette nature, et il ne pourra être utilement entrepris de négociations à cet égard qu'après que les troubles qui ne cessent d'agiter l'Espagne auront pris fin. »

Depuis, le Gouvernement nouveau de la Péninsule a, croyons-nous, levé l'interdit sanitaire; une partie de ce vœu a reçu son exécution. Restent maintenant toutes les entraves fiscales, et la Commission admet, avec le M. le Gouverneur général, les difficultés qui existent pour entrer en négociations.

La Commission propose de demander au Gouvernement de poursuivre attentivement les phases qui ne sauraient tarder à se produire chez nos voisins, et dès qu'un moment favorable se présentera, de le saisir pour arriver à une négociation féconde.

La proposition de renouvellement de ce vœu est également admise par le Conseil.

CONSEIL GÉNÉRAL

DE LA PROVINCE DE CONSTANTINE.

CONSEIL GÉNÉRAL

DE LA PROVINCE DE CONSTANTINE.

Vœu pour la transcription hypothécaire des actes musulmans.

Ce vœu fait l'objet de propositious du Gouverneur général au Ministre de la guerre, lesquelles seraient de nature à lui donner satisfaction si les termes dans lesquels le projet actuel du Gouvernement se trouve formulé n'étaient pas de nature à compromettre les résultats que le Conseil général s'est proposé d'atteindre.

« Il s'agit, dit le rapport administratif, du renouvellement du vœu relatif à la transcription hypothécaire des actes musulmans.

« Le projet de décret paraît malheureusement avoir une portée plus restreinte, et concerner seulement la transcription hypothécaire des actes musulmans en territoire civil.

« Tout en reconnaissant qu'une semblable réforme en territoire civil préviendrait de grands inconvénients, votre troisième bureau n'a pu s'empêcher de remarquer que la garantie résultant, pour les acquéreurs successifs d'un immeuble, d'une règle constante de transcription est indépendante du mode d'administration appliqué au territoire où l'immeuble se trouve situé, et que, si les bienfaits d'une semblable règle peuvent se faire utilement sentir et sont impérieusement réclamés par la situation générale, c'est précisément dans ces territoires militaires, auxquels ce projet de décret ne parlait pas de l'appliquer.

« C'est là, en effet, que nous trouvons surtout des populations, cruellement décimées, il y a deux ans, par la famine, et dénuées de toutes ressources sur un sol qui leur appartient et qu'elles ne peuvent pas vendre pour en réaliser le prix, faute d'offrir à des acquéreurs les garanties résultant de la transcription de leurs contrats successifs.

« C'est là, si les alarmantes prévisions de nos collègues indigènes ne les ont pas trompés, que nous sommes exposés à voir prochainement se produire des misères nouvelles, sur ce même sol qui appartiendra toujours aux détenteurs et que toujours ils seront dans l'impossibilité d'aliéner pour se procurer du pain.

« Si donc les bienfaits de la transcription devaient être répandus, de préférence, sur l'un des deux territoires, il est incontestable que le territoire militaire, par sa situation, les appellerait, à bon droit, le premier.

« Mais il n'est pas possible d'admettre qu'une distinction puisse être faite entre ces deux régions, non plus que des législations immobilières différentes puissent se trouver dans des territoires enchevêtrés l'un dans l'autre, créant pour des parcelles voisines les inconvénients d'une constante inégalité dans la condition juridique qui leur serait faite.

« La législation immobilière, comme l'impôt foncier, comme tout ce qui se rattache au régime du sol, demande impérieusement à porter uniformément sur des régions compactes, sans solution de continuité entre elles et formant un tout complet.

« La seule objection soutenable qui vous paraisse devoir être opposée à l'application de la transcription hypothécaire dans les territoires mi-litaires, éventuellement soumis à l'application du sénatus-consulte, c'est, qu'en terre *arch*, cette application se trouverait virtuellement suspendue, partout où la troisième opération n'aurait pas constitué la propriété individuelle.

« En terre *melk*, la question n'est pas douteuse, et la transcription hypothécaire est, non-seulement possible, mais d'urgence, pour tous les immeubles qui ont été reconnus tels.

« Ce serait même une imprudence d'attendre, pour introduire à l'égard des *melk* les bienfaits de la transcription, que de nombreuses transactions aient le temps de s'opérer entre la reconnaissance du *melk* et l'introduction de la règle destinée à garantir la série authentique des ayants droit successifs.

« Par ces motifs, votre troisième bureau vous propose d'insister sur votre vœu, concernant la transcription des actes musulmans relatifs à tous les immeubles déclarés *melk* ou soumis à la propriété individuelle au fur et à mesure que, pour la terre *arch*, la propriété individuelle aura été consacrée par des titres. »

Les conclusions du troisième bureau sont adoptées à l'unanimité.

Vœu pour la constitution de la propriété individuelle dans la zone de colonisation.

« Le troisième bureau ne peut s'empêcher de regretter que, malgré les instances réitérées du Conseil, la propriété individuelle n'ait pas pu être établie, principalement dans le voisinage immédiat des territoires civils, où la colonisation demandait à s'étendre et où beaucoup de colons tendaient à essaimer. Il constate que le but du sénatus-consulte n'a pas été rempli; qu'en fait, aucun titre de propriété individuelle n'est encore distribué depuis cinq ans, et il regrette que, au lieu d'étendre sur des pays même éloignés les deux premières opérations du sénatus-consulte, en laissant toujours la troisième en réserve, on n'ait pas appliqué les trois opérations successivement et sans interruption, de façon à faire sortir au sénatus-consulte son plein et entier effet, au moins sur les points qui auraient été les premiers abordés. Il constate encore, en se rendant compte des portions du territoire auxquelles ont été appliquées jusqu'au mois de février dernier les deux premières opérations du sénatus-consulte, que ces opérations n'ont porté, presque nulle part, dans le voisinage immédiat du territoire civil, et que l'Administration provinciale, en procédant comme elle l'a fait, s'interdisait d'avance toute possibilité de déférer aux vœux renouvelés du Conseil.

« Le rapport nous dit qu'il a été procédé aux recherches de la constitution de la propriété individuelle dans douze douars. Il eût été intéressant pour le Conseil de connaître les listes arrêtées par les Commissions qui ont été chargées de ces divers travaux, et le Conseil sera sans doute d'avis de prier M. le Préfet de demander à M. le Général commandant la province communication pour le Conseil de ces listes, qui pourraient lui offrir un exemple pratique de la propriété indigène, telle qu'elle apparaît quand on aborde à fond la constatation. »

UN MEMBRE INDIGÈNE croit devoir donner des explications sur la manière dont se poursuivent dans son pays les opérations du sénatus-consulte.

Il dit que ces opérations sont en cours d'exécution depuis trois ans, et que, dans le cours de la première année, elles avaient occasionné aux populations des dépenses excessives, par suite de la foule qui suivait les commissions et les cheiks ou délégués convoqués, foule qu'il fallait bien nourrir. Il se hâte de reconnaître que, sur les plaintes qui sont parvenues au Gouvernement, ces abus ont cessé; mais, après en avoir souffert, la population indigène se plaint aujourd'hui de la lenteur à lui délivrer des titres de propriété individuelle. Voilà trois ans que cela dure; on a appliqué les deux premières opérations; la troisième ne vient jamais; les tribus sont fatiguées, et elles finissent par se demander si c'est sérieux. Elles supplient avec instance qu'on en finisse, d'autant plus que, si la misère revient et qu'on veuille emprunter, on ne saura comment faire. Si les individus avaient des titres, ils trouveraient de l'argent à bon escompte.

D'AUTRES MEMBRES INDIGÈNES appuient ces observations de leur collègue.

Le Conseil général, adoptant à l'unanimité les conclusions du rapport, décide le renouvellement énergique de son vœu.

« Plusieurs vœux des plus importants sont demeurés pour ainsi dire en suspens et subordonnés aux nouveaux projets qu'élabore la Commission algérienne.

« Votre troisième bureau vous propose de les renouveler avec instance, et dans les termes suivants :

« Le Conseil général émet le vœu *en faveur de l'institution du jury en matière criminelle et d'expropriation.* »

Le Conseil adopte l'expression du vœu.

Le Conseil général émet le vœu *que les citoyens français domiciliés en Algérie soient appelés à élire un député au Corps législatif pour chaque province.*

« Votre 3e bureau n'a pas cru devoir revenir sur les considérations si remarquables qui ont été résumées par notre Président, dans son discours d'ouverture de la session, et se borne à vous proposer de vouloir bien vous y associer. »

Le Conseil adopte l'expression du vœu.

Le conseil général, *exprimant son regret de ce que les citoyens français n'aient pas été appelés à élire les membres français des Conseils généraux*, conformément aux promesses renouvelées du Gouvernement,

« Émet le vœu *que cette élection ait lieu sans plus de retard et soit accompagnée d'une réorganisation libérale d'un Conseil supérieur de l'Algérie, comportant la présence de sept délégués de chaque province, auprès du pouvoir centralisateur quel qu'il soit.* »

Un Membre annonce que, si l'élection n'est pas accordée dans le courant de l'année, il ne reviendra pas à la session prochaine. Il considère que ce ne serait plus seulement un déni de justice, mais que ce serait encore, après les promesses qui ont été faites, un manque de parole auquel il ne voudrait pas s'associer.

Le plus grand nombre des membres présents déclarent successivement partager cette intention.

Un Membre indigène rappelle qu'il ne s'agit que de l'élection des membres français, et que, dans une des sessions précédentes, ses collègues indigènes ont demandé à ne pas être soumis à l'élection, à cause des dangers qui pourraient en résulter pour la société arabe livrée aux intrigues.

Un autre Membre indigène déclare que, dans sa région, la partie de la population qui est montagnarde préférerait l'élection, et que le jour où l'autre partie aurait vu la première user de droits électoraux, elle s'empresserait de les réclamer.

Un autre Membre indigène s'exprime ainsi :

« A la veille de venir assister à cette session, j'avais préparé, chez

moi, une note des diverses questions et des vœux que je me propose-
rai de soumettre à votre appréciation.

« L'un de ces vœux est relatif à *la nomination des conseillers indigènes
par voie d'élection*. Notre pays, plus que tout autre, est, dès à présent,
suffisamment préparé à élire ses délégués. En effet, nos djemâas kabiles
sont, de temps immémorial, constituées par le choix de la population.
Rien ne s'oppose donc à ce que nos conseillers généraux le soient de la
même manière.

« D'un autre côté, les populations indigènes des villes sont elles-
mêmes initiées au rouage des élections. Celles qui ont été faites depuis
quelque temps pour les conseils municipaux, et dont on a pu constater
les résultats satisfaisants, le démontrent suffisamment.

« Je dois reconnaître que les populations arabes proprement dites,
n'étant pas suffisamment préparées au mode des élections, il convient
de maintenir encore chez elles ce qui a existé jusqu'à ce jour. Mais je
demande que, dès qu'il sera possible, les délégués indigènes des villes
et de la Kabylie au Conseil général soient nommés à l'élection par leurs
concitoyens.

Le même Membre indigène ajoute que, dans son commandement
kabyle, les cheiks ont été un instant nommés par le général commandant la province; que, depuis lors, ils ont demandé l'élection, qu'ils
l'ont obtenue et qu'ils en sont aujourd'hui très-satisfaits.

Le Membre indigène qui a parlé précédemment déclare que, somme
toute, il préfère l'élection.

Le Conseil vote l'adoption du vœu.

———

« Le Conseil général, considérant que l'assiette actuelle des revenus
provinciaux a pour effet de faire dépendre ses finances de ressources
essentiellement variables et éventuelles et de faire rentrer dans le trésor
de l'État les revenus réguliers qui sont alimentés par la population
européenne;

« Considérant, d'ailleurs, qu'il est impossible que la situation financière actuelle puisse durer plus longtemps, sans conduire fatalement à
la ruine des provinces,

« Émet le vœu *qu'une réforme complète soit introduite dans l'assiette des revenus provinciaux et que la dotation des provinces repose avant tout sur les impôts principalement fournis par des Européens, tels que : l'enregistrement, les patentes, l'octroi, le domaine, les postes, les télégraphes, etc., et que le rôle financier du Conseil général devient complétement illusoire, puisque l'autorité supérieure a le droit, en réalité, de disposer de près de deux sixièmes des ressouaces qui nous sont attribuées.* »

Le Conseil adopte à l'unanimité l'expression du vœu prononcé.

« Enfin votre 3ᵉ bureau vous propose le renouvellement du vœu relatif à *l'inamovibilité de la magistrature en Algérie*, afin de faire cesser l'inégalité fâcheuse qui existe entre les magistrats de la France et ceux de l'Algérie, dont la situation est pourtant bien plus militante que celle des premiers. »

Le Conseil, à l'unanimité, décide le renouvellement du vœu.

M. le Rapporteur du 3ᵉ bureau donne lecture du rapport suivant :

« Messieurs,

« Vous avez reçu, et votre 3ᵉ bureau propose d'adopter le vœu suivant :

« Considérant que la ligne télégraphique actuelle entre la France et l'Algérie emprunte les fils d'un télégraphe étranger;

« Que, dans l'état, la transmission des dépêches est lente et irrégulière, et que leur coût est excessif;

« Que, de plus, leur traduction dans une langue étrangère, les rend très-souvent inintelligibles;

« Considérant que la France, qui vient d'être unie à l'Amérique par un fil télégraphique direct, ne doit pas rester plus longtemps à la merci de l'étranger pour ses communications avec ses propres provinces;

« Considérant que l'établissement du câble souvent annoncé a encore été promis au Corps législatif, il y a plus de cinq mois, grâce aux crédits qui existaient dès lors au budget extraordinaire, et que l'état d'avancement de la science permet aujourd'hui d'y exécuter, sans incertitude, les travaux d'immersion des câbles sous-marins,

« Émet le vœu *qu'une ligne télégraphique directe soit établie sans retard entre la France et l'Algérie et que jusque-là le prix de la dépêche simple soit réduit à 5 francs.* »

Ce vœu est adopté par le Conseil.

————

M. LE RAPPORTEUR du 3ᵉ bureau s'exprime ainsi :

« Messieurs,

« Au moment où tout tend en Algérie à une assimilation complète avec la France, il a semblé à votre 3ᵉ bureau que l'instruction primaire ne devait pas rester en dehors de cette tendance;

« L'administration de l'instruction primaire diffère considérablement, en Algérie, de l'administration métropolitaine;

« Nous vous proposons sous ce rapport de revenir aussi à l'unité et, d'accord avec la demande qui vous est soumise, d'émettre le vœu :

« *Que les lois et règlements de la métropole relatifs à l'instruction primaire soient appliqués à l'Algérie, dans toute l'étendue du territoire civil.* »

UN MEMBRE fait observer, à l'appui de la proposition du bureau, que le régime actuel présente l'immense inconvénient d'enlever aux provinces et aux communes leurs moyens d'action sur l'instruction primaire.

Le projet de vœu est adopté tel qu'il a été formulé par le 3ᵉ bureau.

————

M. LE RAPPORTEUR du 3ᵉ bureau continue ainsi :

« Messieurs,

« Votre 3ᵉ bureau croit devoir vous recommander l'adoption du vœu suivant :

« Le Conseil général, considérant que, dans l'intérêt de la prompte assimilation des indigènes, il importe de les faire participer, le plus tôt possible, à nos institutions;

« Considérant qu'en attribuant aux tribunaux la connaissance de crimes et délits qui sont aujourd'hui du ressort des conseils de guerre, on rentre dans le droit commun;

« Considérant que des faits récents, qui échappent d'ailleurs à l'appréciation du Conseil, démontrent que la procédure des conseils de guerre n'offre pas toujours l'avantage de la célérité et qu'elle présente, en outre, l'inconvénient de ne pas donner aux prévenus les garanties résultant d'une chambre de mise en accusation;

« Considérant que la peine capitale appliquée en territorie militaire aux indigènes qui sont passés par les armes au lieu d'être décapités, n'entraîne pour eux aucune idée d'infamie et semble être considérée par eux comme une libération;

« Qu'ainsi, non-seulement ce châtiment n'atteint pas son but, mais encore constitue, sans raison, une différence dans la peine appliquée aux habitants du territoire militaire et à ceux du territoire civil;

« Considérant qu'il existe déjà quatre tribunaux dans la province et qu'il suffirait d'augmenter ou leur nombre, ou celui de leurs membres, pour obtenir le résultat proposé,

« Émet le vœu *que la justice criminelle soit confiée, dans tout le Tell, à la magistrature française ordinaire.* »

Les Membres indigènes pensent que le moment n'est pas encore venu d'appliquer la justice criminelle en territoire arabe.

Un Membre leur répond que les juges d'instruction pourront faire tout ce que font actuellement les officiers instructeurs, et qu'il n'y aura rien de changé au concours que les autorités locales sont habituées à prêter à l'action de la justice.

Le vœu est adopté par le Conseil.

M. le Rapporteur du 3ᵉ bureau continue ainsi son rapport :

« Messieurs,

« Vous avez été saisi d'un *vœu pour l'extension la plus large et la plus immédiate possible du territoire civil.*

« Ce désir est celui de la colonie toute entière ; il est justifié par les nombreux avantages qui en résulteraient pour l'agriculture, les relations commerciales et l'action judiciaire.

« Nous nous faisons un devoir de citer les considérations qu'a fait valoir, à l'appui de la même pensée, la chambre d'agriculture de Constantine, dans sa séance du 19 février 1869, à propos d'une revendication de divers massifs, replacés en territoire militaire.

« La chambre consultative d'agriculture, considérant que la distraction opérée le 1ᵉʳ avril 1865, de notables parties de territoire compris entre la mer, Duvivier, Guelma, Jemmapes et Gastonville, et qu'on a placées en territoire militaire, a créé des morcellements et des enchevêtrements de territoire aussi nuisibles aux intérêts de l'agriculture et au développement de la colonisation qu'ils sont préjudicables à l'action de la justice ;

« Considérant que ces morcellements sont tels, que, pour se rendre de Guelma à Philippeville, en suivant la route provinciale n° 6, on passe alternativement neuf fois du territoire civil dans le territoire militaire, et du territoire militaire dans le territoire civil.

« On ne saurait faire ressortir par de meilleurs arguments les inconvénients du territoire civil tel qu'il est constitué aujourd'hui, et nous proposons au Conseil général de se faire l'organe de la province tout entière,

« En émettant le vœu : *que l'extension la plus large et la plus prompte possible soit donnée au territoire civil.* »

Le Conseil décide l'émission du vœu proposé.

« Votre 3ᵉ bureau vous propose l'émission du vœu ci-après :

« Le Conseil général, considérant que les colonies ne peuvent prospérer qu'à la condition de disposer, à leur début, de leur vrai et unique patrimoine, qui est la terre ;

« Considérant qu'en Algérie, la France a une double mission, qui consiste à civiliser les indigènes en leur apportant les conditions du travail sur les points qu'ils occupent utilement, et l'exemple du travail par l'introduction de colons sur les points que la population indigène n'utilise pas ;

« Considérant que cette seconde partie de la tâche. indispensable au succès de la première, ne peut être accomplie que si la terre, rendue libre, est mise à la disposition des immigrants ;

« Considérant que cette terre, offerte aux acquéreurs, enrichirait, par le produit de sa vente, la population actuellement existante sur le sol, en permettant aux provinces d'en appliquer le produit, tant à l'appel de colons nouveaux, ou aux avances à leur faire, qu'à l'exécution d'un vaste système de travaux publics, mis en rapport avec la rapide extension de l'activité coloniale ;

« Considérant que l'exemple de toutes les colonies prospères nous montre les efforts relatifs à l'introduction d'immigrants partout abandonnés à l'initiative de sociétés civiles et des colons eux-mêmes,

« Émet le vœu *que les terres domaniales et celles successivement dégagées par les opérations du sénatus-consulte, ou par voie de déshérence dans les tribus, soient attribuées à la province, pour en disposer, en vue du peuplement du pays.* »

Ce vœu est adopté.

« Votre 3ᵉ bureau vous propose l'émission du vœu suivant :

« Le Conseil général, considérant qu'une organisation complète et régulière de la justice répressive par la magistrature française est un des moyens les plus puissants de hâter la civilisation du pays ;

« Considérant que la province de Constantine embrasse une étendue supérieure à celle de vingt départements de France,

« Émet le vœu *qu'une Cour d'appel soit créée à Constantine.* »

Ce vœu est adopté.

Sur la proposition du 3ᵉ bureau, le Conseil général adopte successivement l'émission des vœux suivants :

« Le Conseil général émet le vœu *que le Gouvernement assure la publication de l'enquête présidée, il y a 18 mois, en Algérie, par M. le comte Le Hon.*

« Au moment où le Gouvernement se préoccupe d'introduire en Algérie des réformes, il devient plus urgent que jamais de livrer à la publicité une enquête qui doit assurément contribuer à faire la lumière sur les problèmes qui nous concernent. »

M. le Président du 3ᵉ bureau donne lecture du rapport ci-après :

« Messieurs,

« Vous avez soumis à l'examen de votre 3ᵉ bureau, un *vœu tendant à ce que l'effectif de la gendarmerie soit augmenté et à ce que des mesures soient prises pour prévenir les calamités provenant des vols dont les colons sont continuellement victimes.*

« Nous n'avons pas, Messieurs, à vous démontrer l'importance d'une situation qui préoccupe à bon droit la population et le Gouvernement lui-même.

« Les pertes éprouvées par les colons sur un très-grand nombre de points, par suite des habitudes de maraude qui ont été de tout temps en honneur parmi les indigènes, ont atteint sur certains points des proportions véritablement effrayantes, et dont vous avez entendu ces jours derniers se produire des exemples significatifs. Ces pertes ont même éprouvé, il y a deux ans, une sorte de recrudescence assez inquiétante pour que les moyens à employer pour y mettre un terme se soient trouvés, depuis lors, pour ainsi dire, à l'ordre du jour des préoccupations publiques parmi nos populations rurales.

« Et, de fait, quels succès attendre de la colonisation, du jour où le colon en arriverait à penser que ce n'est pas pour lui qu'il travaille, ou se trouverait obligé de garder, à toute heure de la nuit, la récolte qu'il aurait péniblement effectuée pendant le jour?

« L'insuffisance en Algérie du corps de la gendarmerie, dans sa situation actuelle, n'a pas besoin d'être démontrée; mais, au développement que le projet de vœu réclame, il serait indispensable d'ajouter des fonds spéciaux, mis à la disposition des maires, pour faire surveiller les entreprises ou découvrir les coupables, et pour organiser, en un mot, la résistance et la répression avec une habileté dont les voleurs nous ont donné depuis longtemps l'exemple.

« Votre troisième bureau vous propose, en conséquence, l'adoption du vœu. »

Le vœu est adopté par le Conseil.

———

M. le Président du troisième bureau donne lecture du rapport suivant :

« Messieurs,

« Votre troisième bureau a été saisi d'un *projet de vœu tendant à protester contre toute tentative d'imposition foncière qui ne serait établie que partiellement, sur des îlots disséminés dans le territoire, et dans des conditions différentes pour les deux populations, européenne et indigène.*

« Lorsque, il y a deux ans, le Conseil supérieur de l'Algérie a admis le principe d'une taxe foncière destinée à créer des ressources, non à l'État, mais aux provinces et aux communes, et à titre momentané, pour répondre aux besoins d'une situation essentiellement transitoire, et, pour ainsi dire, à titre d'expédient, en faveur de départements qui se trouvaient dans l'impossibilité de s'en passer, il devait supposer que, dans l'intervalle, une organisation moins artificielle de la vie financière de nos provinces et de nos communes leur permettrait de renoncer à une taxe qui présentait l'immense inconvénient de paraître frapper la colonisation à mort dans son embryon.

« Le Conseil général a toujours admis le caractère bienfaisant de l'impôt foncier, à la condition que cet impôt vienne à son heure, et se présente à des mandataires autorisés de la population, comme un moyen de soumettre le sol, sur une vaste région d'ensemble, à cette uniformité des charges qui serait le complément de l'uniformité dans sa législation immobilière.

« La taxe foncière, telle que le Gouvernement a songé un instant à l'établir en *territoire civil seulement* aurait pour effet de mettre à la charge des îlots colonisés du territoire les déficits croissant d'année en année qu'entraîne la situation économique des îlots où le régime du droit commun et les exemples de la colonisation n'ont pas encore pénétré.

« A cette colonisation bienfaisante, ménagère de l'avenir, mais onéreuse à ses débuts, est due une indemnité nécessaire à son existence même, et ce principe est tellement admis, que l'État proclame pour elle l'exemption des charges foncières, toutes les fois qu'il songe à l'encourager. Nous n'avons pas à rappeler que, en agissant ainsi, l'État ne fait autre chose que ce qu'il fait en France, quand il exempte pour un temps les planteurs de forêts, à cause de l'intérêt qu'il a lui-même à assurer ces plantations.

« Mais si, à ce point de vue, le principe d'une taxe foncière n'était justifiable dans l'état actuel qu'à l'égard des lots urbains, il y a lieu d'insister sur la proposition prépondérante du concours fourni par les Européens dans les ressources générales du pays. On ne peut établir, sous ce rapport, une sorte d'égalité relative entre les contingents fournis par les deux populations, qu'au moyen d'un impôt frappant, quand le moment en sera venu, la chose qui est commune à toutes les deux, c'est-à-dire le sol, et en se gardant bien de l'atteindre tant que l'impôt ne présentera pas le caractère essentiel de sa légitimité, nous voulons dire le caractère d'une équitable et générale répartition.

« Si l'impôt nous était proposé aujourd'hui, nous n'aurions pas qualité pour le consentir; mais nous croyons avoir qualité pour le repousser d'avance dans des conditions qui nous paraissent en fausser le tempérament obligatoire, et nous croyons avoir le devoir de marquer à cet égard notre sentiment, en vue de l'influence que ce sentiment pourrait avoir sur la direction à imprimer aux opérations cadastrales.

« Votre troisième bureau estime, Messieurs, que la charge foncière ne pourra se présenter sous une forme acceptable aux Conseils généraux de l'Algérie, qu'à la condition de reposer sur des bases déterminées et communes à un vaste ensemble de territoires, quelles que soient les populations diverses qui l'occupent; sinon, non.

« Il vous propose, en conséquence, l'adoption du vœu. »

Un MEMBRE INDIGÈNE dit que l'impôt foncier ne pourra être appliqué que sur les territoires arabes où la propriété individuelle aura été constituée.

Le Conseil général adopte, à l'unanimité, le projet de vœu.

———

LE MÊME RAPPORTEUR s'exprime en ces termes, au nom du troisième bureau :

« Messieurs,

« Après avoir marqué par des vœux spéciaux la plupart des points de détail, sur lesquels les aspirations publiques lui paraissent réclamer satisfaction, le Conseil ne peut qu'aborder, d'une manière générale, la politique spécialement algérienne, que ses aspirations lui font un devoir de recommander comme la seule capable d'assurer au pays des destinées meilleures.

« Le premier sentiment que ce devoir nous inspire est le regret que nous éprouvons, et que nous avons déjà exprimé, qu'il ne nous ait pas été donné d'y satisfaire, en nous appuyant sur l'autorité morale que la libre élection des membres du Conseil général, par leur suffrage universel des citoyens, lui aurait donnée.

« Mais la situation, pour ainsi dire, non autorisée, dans laquelle nous nous trouvons, sera peut-être de nature à faire plus sérieusement écouter par le Gouvernement des conseils émanant d'organes qu'il a lui-même jugés capables de lui donner de bons avis.

« En décidant, à l'unanimité, et pour ainsi dire d'enthousiasme, au début de la session, la publication séparée, et sous format facilement distribuable, du discours de son courageux et infatigable Président, le Conseil a déjà fait pressentir le désir qui anime chacun de ses membres de voir enfin le régime civil, le régime du droit commun, et le sincère équilibre entre le pouvoir qui dirige et la population coloniale qui travaille à inaugurer, pour nos provinces, une ère nouvelle de civilisation et de liberté.

« Trois projets de vœu, se rattachant tous trois à cet ordre d'idées, ont été examinés par votre bureau, qui a cru devoir les fondre dans un vœu commun, répondant à la fois à la pensée de leurs auteurs et aux préoccupations du Conseil.

« Votre bureau ne croit pas devoir revenir sur les considérations développées, avec une si haute autorité, par notre honorable Président, et il ne pourrait que les affaiblir en essayant de les formuler après lui; mais, s'il lui suffit de s'associer à notre Président dans la désignation du but à atteindre, il croit devoir vous rendre compte du point de vue précis où il s'est placé pour apprécier le moyen d'y parvenir.

« Deux problèmes à résoudre se recommandent actuellement à la sollicitude du Gouvernement en ce qui concerne l'Algérie : le premier, est relatif à l'organisation du pouvoir et de l'administration proprement dite; sans nous être indifférente, sa solution nous intéresse bien moins que le Gouvernement lui-même, et notre honoré Président en a déterminé les termes avec une autorité qui ne passera pas inaperçue et que lui donnait sa longue expérience du fonctionnement des divers pouvoirs publics. Nous n'avons donc pas à y revenir.

« Le second problème est relatif à l'organisation des franchises publiques, à l'établissement d'institutions pouvant garantir le contrôle en général et cette pondération de tous les pouvoirs par les intéressés, qui n'est pas une moindre sauvegarde pour l'autorité elle-même que pour les intérêts qu'elle a mission de régir.

« Le vœu que nous devons vous proposer d'émettre a particulièrement ce second problème pour objectif, et il constitue essentiellement la partie de la question qui nous appartient en propre.

« Nous avons d'abord à faire remarquer que les relations entre la France et l'Algérie deviennent tous les jours plus fréquentes et plus

CHEMIN DE FER

DE

PARIS A ORLÉANS

SERVICE DE L'EXPLOITATION

(MOUVEMENT)

 COLLECTION

DES

ORDRES GÉNÉRAUX

DEUXIÈME VOLUME.

PARIS

IMPRIMERIE CENTRALE DES CHEMINS DE FER

DE NAPOLÉON CHAIX ET Cie

Rue Bergère, 20, près du boulevard Montmartre.

1861

SOMMAIRE

DES ORDRES GÉNÉRAUX.

DEUXIÈME VOLUME.

ORDRE GÉNÉRAL N° 46

ABROGÉ.

ORDRE GÉNÉRAL N° **47**

RÉGLANT

L'ORGANISATION DU SERVICE DE L'EXPLOITATION

DE LA SECTION DE MONTAUBAN A RODEZ.

⸺⸺◦⸺⸺

L'exploitation de la section de Montauban à Rodez est confiée à un Fonctionnaire placé sous les ordres du Directeur de la Compagnie et du Chef de l'Exploitation du réseau, qui prend le titre de *Chef de l'Exploitation de cette section*, et auquel sont donnés les pouvoirs nécessaires pour pourvoir à tous les besoins du service.

Le Chef de l'Exploitation a autorité sur l'Ingénieur de la Voie et sur le Chef de Traction, qui reçoivent d'ailleurs des ordres des Chefs de service du réseau en ce qui concerne la partie technique de leurs fonctions.

Il a directement sous ses ordres :

1° Un Inspecteur de l'Exploitation chargé d'assurer le service des gares et stations et des trains ;

2° Des Chefs de bureau chargés de la constatation et de l'apurement des recettes et des dépenses, et de l'expédition des diverses affaires.

Par décision en date du **16** juillet, le Conseil d'administration a nommé M. de FAVENCOURT Chef de l'Exploitation de la section de Montauban à Rodez.

18 août 1858.

ORDRE GÉNÉRAL N° 48

ABROGÉ.

ORDRE GÉNÉRAL N° 49

RÉGLANT

LES RAPPORTS DES SERVICES DE L'EXPLOITATION

ET DE LA TRACTION.

---

§ Ier.

1° **Expédition des machines et des trains.**

2° **Feuille de marche et de mouvement du matériel des trains.**

3° **Nombre des véhicules de chaque train.**

4° **Mise à la réforme des voitures et wagons.**

5° **Avaries au matériel roulant (constatation contradictoire).**

ARTICLE PREMIER.

Les machines des trains réguliers, facultatifs ou spéciaux, doivent être rendues à la disposition du Chef de gare, un quart d'heure au moins avant l'heure fixée pour le départ du train.

Lorsque la composition d'un train devra dépasser le nombre de voitures fixé pour une seule machine (voir le *Tableau des Charges normales*), le Chef de gare devra en prévenir le dépôt le plus tôt possible et de façon à laisser au moins à ce dernier, pour préparer la deuxième machine, *s'il y a lieu*, vingt minutes à Paris et quinze minutes dans les autres dépôts de la ligne.

Art. 2.

Les machines des trains réguliers doivent se rendre aux gares de départ, sans aucun avis préalable du Chef de gare. Sauf les cas d'urgence où il y a lieu d'expédier les machines de réserve qui doivent toujours être en feu, l'avis de l'expédition des trains spéciaux ou facultatifs nécessitant l'allumage d'une machine doit être donné au dépôt par écrit, avec indication de la composition du train, trois heures au moins avant l'heure fixée pour le départ.

Cet avis est donné par l'envoi du bulletin dressé conformément au Modèle 196.

Art. 3.

Les machines expédiées, soit en tête des trains, soit isolément pour aller au secours, pour faire des essais ou pour toute autre cause, ne doivent partir que lorsque le Chef de gare a donné le signal de départ.

Ce signal est donné avec la cloche à la main, et doit être fait par le travers du tender. Le Mécanicien doit se mettre immédiatement en marche, à moins que le Graisseur ne le prévienne que le train n'est pas en état. Dans ce cas, le Mécanicien attend que le Graisseur ait terminé son graissage, mais le temps perdu depuis le *coup de cloche* est au compte de la Traction.

Art. 4.

Le Mécanicien et le Chef de train doivent toujours être munis du tableau réglementaire de la marche des trains ; et, en outre, ils reçoivent pour les trains spéciaux un tableau de marche établi conformément à l'Instruction 89, par le Chef de gare qui expédie le train.

Pour tous les trains sans exception, trains réguliers, facultatifs ou spéciaux, il est établi une feuille de marche et une feuille de mouvement de matériel. Les Chefs de gare de départ, chargés de l'établissement de ces feuilles, et les Chefs de trains qui doivent en réclamer la remise, sont personnellement responsables de l'exécution de ces dispositions, qui sont absolues et n'admettent aucune exception, pas même l'urgence, la préparation des feuilles de marche et de mouvement de matériel étant la première condition de l'expédition d'un train, comme la préparation du bulletin de parcours est la première condition de l'expédition d'une machine envoyée en renfort ou isolément pour un service quelconque.

Art. 5.

L'expédition des machines isolées pour secours, pour essai ou toute autre cause, et l'expédition des machines en double traction, à la tête d'un train, est constatée par la remise au Mécanicien d'un bulletin de parcours de machines, dressé conformément au Modèle n° 251.

Ce bulletin est détaché d'un registre à souche qui reste à la gare, à la disposition des Commissaires de surveillance administrative, pour satisfaire aux prescriptions du cinquième paragraphe de l'article 20 de l'ordonnance du 15 novembre 1846, relatif à la tenue d'un registre pour l'attelage des secondes machines. Les Chefs de gares et stations où il est établi des dépôts, doivent donc mentionner très-exactement, sur les souches des bulletins de parcours, les circonstances dans lesquelles les secondes machines ont été attelées, et les causes qui ont motivé cet attelage.

Ce bulletin indique :

1° Le nom de la gare ou de la station de départ ;

49

— 14 —

2° La date et l'heure de départ ;

3° La cause de l'expédition de la machine ;

4° Les noms du Mécanicien et du Chauffeur ;

5° L'heure de départ du train précédent ;

6° L'heure de départ du train suivant ;

7° L'heure de l'arrivée de la machine à destination, ou, si elle a été expédiée au secours, la désignation des aiguilles où elle a changé de voie.

8° Lorsqu'une machine isolée est expédiée d'une gare pour une destination déterminée, l'expédition de la machine sera considérée comme un train spécial, et la gare devra remettre au machiniste, avec le bulletin n° 251, un tableau de marche Modèle n° 22, indiquant la vitesse de la marche, les heures de passage aux stations, les lieux d'arrêt et de garage. Le Machiniste se conformera strictement à cette marche.

9° Sur la voie unique, le bulletin n° 251, donné aux machines allant au secours, est délivré dans les conditions stipulées par l'ORDRE GÉNÉRAL N° 45, réglant le service de la voie unique.

10° Lorsque la machine qui part est expédiée pour faire des essais, elle devra être accompagnée par le Chef ou le Sous-Chef de dépôt, qui sera responsable de sa marche et de sa sécurité comme dans le cas de secours ; la gare délivrera le bulletin Modèle n° 251, sur lequel elle mentionnera le point que la machine ne doit pas dépasser. Si, avant de rentrer au dépôt, la machine doit, dans son parcours, atteindre une station, elle devra s'arrêter à cette station, et n'en repartira que sur l'ordre du Chef de station, qui jugera de l'opportunité de sa réexpédition.

Le bulletin ainsi dressé et la feuille de marche, s'il y a lieu, seront remis à l'arrivée de la machine à destination, ou, si elle a été envoyée en essai ou au secours, à son retour au dépôt qui l'a expédiée, au Chef de gare, qui les certifie et les adresse à l'Inspecteur principal avec le rapport journalier.

Les bulletins de parcours des machines expédiées en renfort ou isolément sont vérifiés et classés au bureau de chaque Inspection, et adressés chaque jour au Chef de l'Exploitation avec ces feuilles de marche.

Pour les machines expédiées pour secours ou pour essai, le bulletin ci-dessus tient lieu du Tableau de marche prescrit par les Ordres généraux nᵒˢ 8 et 45.

Art. 6.

Toutes les dispositions relatives à la formation et au départ des trains de Voyageurs et de marchandises sont prises par les Chefs de gare et de station ou sous leur responsabilité.

Lorsque les trains sont en marche ou arrêtés sur la voie, la responsabilité du service appartient au Chef de train. Néanmoins, le Mécanicien reste personnellement responsable de la conduite de la machine et de l'observation des signaux fixes et mobiles. Il est en communication directe avec le Chef de train et les Gardes-freins, au moyen du sifflet de la machine.

Art. 7.

La feuille de marche du train et la feuille du mouvement du matériel constatent :

1° La date ;

2° Le numéro du train ;

3° Les noms du Chef de train et des Gardes-freins ;

4° Les noms du ou des Mécaniciens et Chauffeurs, et les numéros de la ou des machines ;

5° Le nom du Graisseur de route.

La date d'un train est toujours celle du jour où a lieu son départ.

La feuille de marche doit porter en face du nom de chaque gare ou station l'indication exacte de l'heure d'arrivée et de départ du train, avec mention justificative des motifs qui ont réagi sur sa marche et sur la durée des arrêts. Cette feuille devant servir au règlement du compte, amendes et primes pour marche des trains, entre les deux services de l'Exploitation et de la Traction, doit être établie contradictoirement par le Chef de train et le Graisseur. A l'arrivée du train, cette feuille est remise au Chef de gare, qui la vise.

La feuille de mouvement de matériel indique le roulement des voitures et wagons qui sont entrés dans le train au départ et dans le trajet, ou qui en sont sortis avant l'arrivée à destination. Chaque véhicule est représenté par son numéro, sa lettre de série et l'indication de son chargement. Cette feuille devant servir au règlement du compte *frais de traction*, doit être établie contradictoirement par le Chef de train et le Graisseur, sous le visa au poinçon des Chefs de gares où les entrées et sorties des véhicules ont lieu. A l'arrivée du train, cette feuille est remise au Chef de gare, qui la vise.

Ces deux feuilles sont le résumé historique de chaque train, elles sont de plus deux pièces comptables ; à ce double titre, elles doivent être établies avec le plus grand soin. Après avoir reçu le visa du Chef de gare à l'arrivée, elles sont transmises à l'Inspecteur principal, qui les adresse chaque jour au Chef de l'Exploitation pour le règlement avec le service de la Traction.

Art. 8.

Le nombre des voitures et wagons qui constituent la charge normale d'un train est consigné au Tableau annexé au présent ordre. Ce nombre est reproduit en tête de la feuille de marche du train. Dans les trains de Voyageurs, mixtes et de marchandises à grande vitesse, toutes les voitures et wagons, de quelque nature et de quelque forme qu'ils soient, vides ou chargés, sont comptés pour leur nombre effectif. Il en est de même pour les trains de marchandises, à cela près que les wagons vides ne sont comptés que pour un demi-wagon.

Les Chefs de gare, Chefs de train, Chefs de dépôt et Mécaniciens ne doivent pas perdre de vue que d'après les conditions de règlement de prix des trains, entre le service de l'Exploitation et de la Traction, le prix de traction des trains varie avec leur composition (art. 37), et qu'il est d'autant plus fructueux pour les deux services que cette composition pour les trains mixtes et de marchandises est plus forte. Ils auront donc à s'entendre entre eux sur le nombre de voitures que peut traîner chaque machine seule, et à faire leurs efforts pour que chacune d'elles ait, autant que possible, sa charge complète.

En conséquence, pour faire une traction économique, les Chefs des gares de relai des machines doivent s'attacher à faire à pleine charge les trains réguliers et facultatifs de marchandises et les trains mixtes, sauf à réserver pour le lendemain, comme appoints, les marchandises encombrantes voyageant à longs délais.

Art. 9.

Lorsque, par une circonstance quelconque, la charge normale d'un train, fixée par le Tableau annexé au présent ordre, doit être exceptionnellement réduite, le Chef de dépôt doit en donner avis au Chef de gare, par écrit, une heure au moins avant le départ du train. Cet avis doit faire mention des motifs qui nécessitent la réduction de la charge et indiquer la limite exceptionnelle de la composition qui est demandée. Cette pièce, visée et annotée au besoin par le Chef de gare, doit être adressée à l'Ins-

3

pecteur principal avec le rapport journalier; de son côté, le Chef de dépôt doit envoyer au Chef de Traction un duplicata du bulletin qu'il a adressé au Chef de gare.

Réciproquement, dans le cas où le Chef de dépôt dispose d'une machine qui peut remorquer une charge supérieure à la charge normale du train auquel elle est destinée, il doit en donner avis au Chef de gare une heure avant le départ du train, afin que ce dernier utilise, autant que possible, la force disponible.

Lorsque la nécessité d'une surcharge se présente à une station intermédiaire où il n'existe pas de dépôt, le Chef de station peut requérir du Mécanicien l'acceptation de cette surcharge. Celui-ci, toutefois, peut la refuser, si les circonstances provenant de l'état du temps, de la composition du train ou de l'état de la machine sont de nature à justifier ce refus. La réquisition du Chef de gare doit être consignée sur la feuille de marche et mentionnée au rapport journalier de la station.

Art. 10.

Le service de la Traction et du Matériel, par l'intermédiaire des Chefs de dépôt et des Chefs du petit entretien, doit retirer du service les voitures et wagons qui ont besoin de réparation. Pour le matériel sous gare, chaque véhicule réformé reçoit une planchette portant l'inscription : *Réformé*. Dans les gares où il n'y a pas d'atelier, un bulletin de réforme est remis au Chef de gare portant la mention du lieu où doit être dirigé le wagon. Pour les véhicules en route, la mise en réforme et le retrait du véhicule du train ne doivent avoir lieu que par urgence et après un examen constatant qu'il y a danger réel ou chances évidentes d'avaries à le laisser continuer jusqu'à destination.

Art. 11.

Les avaries du matériel, de quelque nature qu'elles soient, sont constatées contradictoirement entre les Agents de la Traction, les Chefs de gare et les Chefs de train, dès qu'elles sont reconnues par l'un ou l'autre service.

Cette constatation est faite au moyen de bulletins d'avaries, dressés conformément au Modèle 220, sur lesquels doivent être consignées la nature de l'avarie et ses causes. Les bulletins doivent, en outre, préciser la responsabilité des Agents de l'un ou de l'autre service qui, par négligence ou fausses mesures, auraient contribué à déterminer l'avarie.

Les bulletins d'avarie sont dressés et signés en triple expédition ; le premier coupon reste comme souche à la gare qui les délivre ; le deuxième est remis aux mains des Agents de la Traction : le troisième est adressé avec le rapport journalier à l'Inspecteur principal, qui le transmet au Chef de l'exploitation avec ses appréciations.

Art. 12.

Lorsque des avaries se produisent pendant la marche, les Chefs de train doivent immédiatement en donner avis aux Mécaniciens et aux Graisseurs, en leur laissant le soin de pourvoir aux réparations provisoires qui pourraient être jugées nécessaires. En toute circonstance, les Agents de l'un ou l'autre service se doivent d'ailleurs un mutuel concours.

Art. 13.

Les dégradations commises dans le trajet par le fait de la malveillance des Voyageurs, comme vitres cassées, lanières de vasistas coupées, coussins salis, rideaux volés, garnitures lacérées, doivent être constatées par les Employés de la Compagnie. Les Gardes-freins ont à exercer sur ce point la plus active surveillance. Lorsqu'ils surprennent les auteurs de ces dégradations, ils doivent en exiger le prix de ceux qui les ont commises, et s'ils s'y refusent, faire certifier les faits par témoins et dresser procès-verbal.

Le bon entretien du matériel, comme le bien-être des Voyageurs, exigent encore qu'il soit tenu la main à l'exécution des ordres défendant l'introduction dans les voitures de tout objet encombrant ou malpropre, de nature à gêner les Voyageurs ou à salir les wagons.

§ II.

EXPÉDITION DES MACHINES DE RÉSERVE, MESURES A PRENDRE EN CAS DE SECOURS.

Art. 14.

Les machines de réserve doivent être tenues constamment en feu et prêtes à partir, à tout avis ou réquisition du Chef de la gare ou de la station où le dépôt est établi.

Art. 15.

Les avis télégraphiques concernant les demandes de secours doivent être transmis par les soins des Chefs de gare ou de station aux Chefs de dépôt, par écrit et sans délai.

Les avis annonçant les retards qui se produisent dans la

marche des trains doivent être également transmis aux Chefs de
dépôt, pour tous les retards de *dix minutes* ou de plus de dix
minutes pour les trains de Voyageurs, et de *vingt minutes* ou de
plus de vingt minutes pour les trains de marchandises.

Art. 16.

Dès que l'ordre d'expédier la machine de secours a été donné,
ou que l'avis a été transmis d'un retard de dix minutes pour un
train de Voyageurs, ou de vingt minutes pour un train de marchandises, le Chef de dépôt est tenu de faire préparer la machine
et de se tenir à la disposition du Chef de gare.

Art. 17.

Tout retard dans l'expédition des machines de secours ou de
renfort est une faute grave et doit être signalé au rapport, avec
indication des causes qui l'ont motivé.

Tout mouvement de machines de réserve doit être également
mentionné au rapport journalier.

Art. 18.

Sur la voie unique, l'expédition et la marche des machines de
secours sont déterminées par l'Ordre général n° 45.

Sur la double voie :

Lorsque le secours est expédié de l'*avant,* le Mécanicien qui
conduit la machine doit, lorsqu'il a croisé le train, continuer sa
route pour aller changer de voie aux premières aiguilles.

Si le train n'a pas besoin d'être secouru ou est reparti, la machine de réserve peut rentrer à sa suite au dépôt, en marchant
avec précaution, de manière à laisser toujours entre elle et le

train un intervalle d'au moins *dix minutes,* et à se tenir à *vingt minutes* au moins de tout train qui la suit.

S'il convient, dans un cas exceptionnel, de faire venir la machine de secours à *contre-voie,* le Chef de train doit en faire la demande PAR ÉCRIT au Chef de la première station en *avant.* Alors, il lui est formellement interdit de se remettre en marche, ou de laisser pousser son train par un autre train ou par une machine qui surviendrait.

Le train doit être couvert par un signal rouge, non-seulement à l'arrière, mais aussi du côté où le secours est attendu, et rester à l'arrêt jusqu'à l'arrivée de la machine demandée à contre-voie.

Le Mécanicien conduisant la machine de réserve ne doit, de son côté, aller au secours d'un train à contre-voie que sur L'ORDRE ÉCRIT dont il est parlé ci-dessus.

Lorsque le secours est expédié de *l'arrière,* c'est-à-dire sur la voie même que le train occupe, le Mécanicien, en approchant du point de la voie où la demande de secours indique que le train est arrêté, doit ralentir sa marche et se tenir en mesure d'aborder ou de suivre le train avec la plus grande prudence.

Lorsque la demande de secours est faite *d'office* par un poste télégraphique où le train est attendu, et qu'elle n'indique pas le point de la voie où le train est arrêté, le Mécanicien de la machine de réserve doit s'arrêter au poste télégraphique qui précède celui d'où la demande de secours est partie, et se renseigner le plus exactement possible sur la position du train en retard. En l'absence de renseignements précis à cet égard, la machine de secours doit marcher, à partir de ce moment, avec beaucoup de prudence. En l'absence d'un Agent de l'Exploitation, le machiniste conduisant une machine de secours est responsable de sa marche au même titre qu'un Chef de train est responsable de la marche de son train.

Art. 19.

Avant de s'engager sur un changement de voie, les Mécaniciens qui conduisent les machines de réserve doivent s'assurer que l'Employé de la station ou l'Employé de la voie est présent à l'aiguille et prêt à la manœuvrer.

Hors les limites des stations, ou en l'absence des Employés de la voie, les Mécaniciens peuvent faire manœuvrer les aiguilles par leur Chauffeur, mais ils ne doivent s'engager sur les changements de voie qu'après avoir reconnu que les voies sont libres, et qu'aucun train n'est attendu ou annoncé.

Art. 20.

Pendant la nuit ou les temps de brouillard, dès que la machine a changé de voie, le Mécanicien doit avoir soin de changer les signaux suivant le sens dans lequel la machine marche, de manière à toujours la couvrir du signal rouge.

Art. 21.

Les Machines de réserve et de secours se dirigeant, tender en avant, pour aller secourir les trains en détresse, peuvent marcher à la vitesse maximum de 45 kilomètres à l'heure. Lorsque ces machines remorquent le train secouru, le tender en avant, la vitesse maximum du train ne doit pas dépasser 30 kilomètres.

Art. 22.

Le mécanicien conduisant une machine de secours ne doit aborder le train en détresse, soit par l'avant, soit par l'arrière, qu'avec les plus grandes précautions, et de manière à éviter tout choc.

ART. 23.

Dès qu'un Mécanicien conduisant une machine de secours a rejoint le train qu'il va secourir, il doit se mettre à la disposition du Chef de train et exécuter toutes les manœuvres qui lui sont commandées.

Avant de donner le signal de départ ou de commander aucune manœuvre, le Chef de train doit s'assurer que la machine est attelée avec tous les soins nécessaires. Cette prescription est de rigueur, même lorsque le train est refoulé.

Les trains refoulés ne doivent, en aucun cas, être conduits à plus de 25 kilomètres à l'heure.

Lorsqu'un train refoulé atteint un changement de voie, le Chef de train doit, si rien de particulier ne s'y oppose, et après avoir pris la précaution de couvrir à distance les deux voies, commander les manœuvres nécessaires pour faire passer la machine en tête.

ART. 24.

S'il y a accident, déraillement ou avaries quelconques dans le matériel, et qu'aucun Employé supérieur ne soit présent, la direction des manœuvres spéciales pour les réparations, comme pour la remise sur les rails des wagons ou des machines, appartient aux Agents de la Traction, qui en sont immédiatement responsables.

Les Employés de l'Exploitation ont spécialement à s'occuper d'assurer la sécurité des voies par les signaux; de pourvoir aux soins, et, s'il y a lieu, aux secours à donner aux Voyageurs, de faire la garde et la surveillance des marchandises et objets quelconques momentanément déposés sur la voie; d'ordonner l'exécution des manœuvres de marche ou de recul, de composition ou de décomposition de train; de prendre enfin toutes les mesures d'ordre et de police que les circonstances peuvent rendre nécessaires. Ils sont, d'ailleurs, tenus de donner leur concours aux Agents de la Traction, pour tout ce qui touche aux travaux de force et au maniement du matériel.

Art. 25.

Les Chefs de train doivent mentionner exactement sur la feuille de marche le lieu où ils ont rencontré la machine de réserve, et l'heure et le lieu où ils ont été rejoints par elle.

Art. 26.

Les réservoirs des stations où il n'y a pas de dépôt de machines et alimentés par des pompes à bras, seront remplis par les soins des Chefs de stations.

§ III.

SIGNAUX AUX MÉCANICIENS POUR LES MANŒUVRES DES TRAINS DANS LES GARES.

Art. 27.

Les signaux aux Mécaniciens pour les manœuvres dans les gares et sur les voies de service, doivent toujours être faits

4

sous la responsabilité de l'Agent de la gare qui commande la manœuvre.

Les signaux seront faits le jour avec le drapeau rouge, la nuit avec la lanterne à main.

Art. 28.

Lorsque la machine isolée ou en tête d'un train est arrêtée, le mouvement horizontal de droite à gauche fait avec la lanterne blanche ou le drapeau roulé signifie la marche en avant. Le même mouvement horizontal avec la lanterne rouge ou le drapeau déployé signifie la marche en arrière.

Lorsque la machine isolée ou en tête d'un train est en marche, le signal fait avec la lanterne rouge ou le drapeau déployé signifie l'arrêt (1).

§ IV.

RÈGLEMENT DE COMPTES ENTRE LE SERVICE DE TRACTION ET LES AUTRES SERVICES.

Art. 29.

Le travail effectué par les locomotives pour le remorquage des trains, ainsi que l'entretien du matériel roulant, continueront à être payés à la Traction par le service de l'Exploitation. Les travaux de toute nature, exécutés dans les ateliers, sont payés par les services qui en ont fait la commande.

(1) Voir l'Instruction 125.

Art. 30.

Les approvisionnements de toute nature en combustibles, en magasin, en pièces de rechange et vieilles matières, sont portés au compte du service de Traction, aux prix des inventaires arrêtés le 31 décembre 1859. Le montant de ces inventaires, joint aux avances faites par le service de la Comptabilité générale et des finances pour les besoins journaliers de la Traction, donnera lieu à l'ouverture d'un compte d'intérêt à 5 0/0 l'an, au débit de la Traction.

Art. 31.

L'entretien de l'outillage des ateliers et des dépôts et celui des prises d'eau sont à la charge du service de Traction. L'entretien, la réparation, le renouvellement et les modifications aux bâtiments affectés au service de la traction, y compris les voies et plaques tournantes extérieures aux bâtiments et intérieures dans les rotondes de machines, sont faits par les soins et sur les crédits du service de la Voie et des Bâtiments.

Art. 32.

La fourniture et l'entretien des agrès de secours, des attelages de rechange, des prolonges déposées dans les gares, et des indicateurs de route placés sur les voitures première classe, sont faits par les soins et à la charge du service de Traction.

La fourniture et l'entretien des bâches mobiles, des signaux d'arrière-train, des lampes intérieures et des appareils à chauffer les voitures à Voyageurs, sont faits par les soins et au compte du service d'Exploitation.

Art. 33.

Le service de Traction est responsable des frais et indemnités auxquels peuvent donner lieu les accidents provenant d'un défaut d'entretien de matériel, de la négligence de ses Agents et de l'inobservation des règlements d'administration publique qui lui sont spéciaux.

Art. 34.

Les transports par le Chemin de fer des matières, matériaux et objets de toute nature employés au service de la Traction, sont taxés aux conditions du tarif.

Il ne sera pas tenu compte des frais de traction et d'entretien du matériel employé à ces transports.

Art. 35.

La marche des trains est réglée et déterminée par le service de l'Exploitation.

La vitesse moyenne d'un train s'obtient en divisant la durée totale du trajet par la distance parcourue. Pour obtenir la vitesse réelle de marche, il doit être déduit de la durée totale du trajet :

1° Le temps fixé pour l'arrêt à chacune des stations que le train doit desservir ;

2° Une minute pour ralentissement et une minute pour prise de vitesse à chaque arrêt ainsi qu'au départ et à l'arrivée.

La remonte des rampes de 8 millimètres et au-dessus est admise comme occasionnant un ralentissement de vitesse par kilomètre d'une demi-minute pour les trains de Voyageurs et mixtes, et d'une minute pour les trains de marchandises.

En cas de retard, les Mécaniciens doivent faire tous leurs efforts pour regagner sur le trajet qui leur reste à effectuer, le temps perdu dans la première partie du parcours. Néanmoins, l'accélération ne doit, en aucun cas, dépasser la moitié de la vitesse réglementaire du train.

Art. 36.

Pour l'appréciation de la marche des trains, le réseau exploité est décomposé en sections ayant leurs points *termini* à Paris, Corbeil, Orléans, Vierzon, le Guétin, Limoges, Périgueux, Tours, Poitiers, Angoulême, Bordeaux, Aigrefeuille, la Rochelle, Rochefort, le Mans, Nantes, Saint-Nazaire, Brives, Moulins, Montluçon, Montauban, Decazeville, Rodez et autres localités intermédiaires, lorsque les trains y prendront origine ou fin.

Les trains qui, sous la même désignation, parcourent plusieurs sections, sont, en ce qui concerne l'appréciation de la marche, considérés comme autant de trains qu'ils ont parcouru de sections.

A l'arrivée de chaque train, le décompte de la marche du train est réglé contradictoirement par les Agents des services de l'Exploitation et de la Traction, et résumé en nombre de minutes perdues et gagnées dans le trajet par chacun des services.

Pour les trains de Voyageurs, mixtes ou de messagerie, chaque minute perdue pour le service de la Traction donne lieu à une amende de 1 franc ; chaque minute gagnée par la Traction donne lieu à une prime de 1 franc. Toutefois, le décompte n'est établi qu'autant que le temps perdu ou gagné est égal ou supérieur à cinq minutes.

Pour les trains de marchandises, l'amende et la prime, pour

temps perdu ou gagné pour le service de la Traction, est moitié de celui fixé pour les trains précédents, et le décompte n'est établi qu'autant que le temps perdu ou gagné est égal ou supérieur à dix minutes.

Les retards occasionnés dans la marche par la neige et le verglas ne sont pas imputés au service de la Traction, toutes les fois que les précautions usitées en pareil cas ont été prises.

Les retards d'un train qui amènent des retards dans la marche d'autres trains ne peuvent donner lieu qu'à une seule amende.

Art. 37.

Le prix de traction par train remorqué par une seule machine est fixé à :

Pour les trains de Voyageurs marchant à plus de 40 kilomètres à l'heure, par kilomètre parcouru, soixante-dix-huit centimes, ci............................ » fr. 78 c.

Pour les trains mixtes marchant à une vitesse comprise entre 30 et 40 kilomètres à l'heure, par kilomètre parcouru, quatre-vingt-huit centimes, ci................... » fr. 88 c.

Pour les trains de marchandises marchant à une vitesse égale ou inférieure à 30 kilomètres à l'heure, par kilomètre parcouru, quatre-vingt-dix-neuf centimes, ci... » fr. 99 c.

Au delà du nombre de wagons inscrits dans le tableau ci-annexé, comme charge normale des trains pouvant être remorqués par une seule machine, eu égard aux rampes et aux vitesses, il peut être attelé une seconde machine, qui est payée à raison de soixante-quinze centimes par kilomètre parcouru, ci............................ » fr. 75 c.

Lorsqu'il est remorqué par une machine seule un nombre de wagons plus considérable que celui indiqué au Tableau de la charge des trains, les augmentations de dépenses qui en résultent sont payées, pour les excédants de charge, savoir :

1° Par kilomètre parcouru, par chaque voiture ou wagon ajouté à un train de voyageurs, cinq centimes, ci.   » fr. 05 c.

2° Par kilomètre parcouru par chaque voiture ou wagon ajouté à un train mixte, quatre centimes, ci....   » fr. 04 c.

3° Par kilomètre parcouru par chaque wagon ajouté à un train de marchandises, trois centimes, ci......   » fr. 03 c.

Lorsque, par suite d'une circonstance quelconque (les cas de neige et de verglas exceptés), le nombre de véhicules indiqué au Tableau de la charge des trains ne peut pas être remorqué, le Chef de dépôt remet au Chef de gare un bulletin de réduction de charge fixant le nombre de wagons dont le train doit être réduit (article 6).

Dans ce cas, il est fait sur le prix du train les réductions suivantes :

· 1° Aux trains de Voyageurs pour chaque wagon déduit et par kilomètre de train, cinq centimes, ci... ..... » fr. 05 c.

2° Aux trains mixtes pour chaque wagon déduit et par kilomètre de train, quatre centimes, ci........ » fr. 04 c.

3° Aux trains de marchandises, pour chaque wagon déduit et par kilomètre de train, trois centimes ci... » fr. 03 c.

Cette réduction est aussi appliquée toutes les fois que l'introduction dans un train de wagons chargés de houille et de coke pour le service de la Traction, ne permet pas à ce train de recevoir sa composition normale en wagons de l'exploitation.

Le prix du parcours des machines en retour, ayant conduit des trains à double traction, des trains spéciaux ou supplémentaires et des machines mises en mouvement par suite de retards imputables à l'Exploitation, toutes les fois que le retour ne peut être utilisé dans le délai de vingt-quatre heures, est fixé à soixante-cinq centimes par kilomètre, ci..... » fr. 65 c.

Le parcours des machines isolées et des machines traînant au plus quatre voitures mises en mouvement pour les voyages d'inspection des Administrateurs, Directeur et Chefs de service, est fixé à soixante-cinq centimes, ci.......... » fr. 65 c.

Le parcours des machines, motivé pour des retards imputables au service de Traction, ne donne lieu à aucun paiement.

Les manœuvres dans les gares exécutées pour la composition et la décomposition des trains, une demi-heure avant le départ et une demi-heure après l'arrivée des trains, par les machines de ces trains, ne donnent lieu à aucun paiement.

Les manœuvres dans les gares exécutées par les machines spéciales et les machines de réserve sont payées à raison de trois francs par heure, ci.................... 3 fr. » c.

Le temps compté pour manœuvres commence au moment où la machine est à la disposition du Chef de gare, et finit lorsque le Chef de gare donne au Mécanicien l'ordre de rentrer à son dépôt. Chaque déplacement de machine est compté pour une heure au moins ; au delà d'une heure, le temps de manœuvre est réglé par quart d'heure.

Art. 38.

Le prix de la réparation et de l'entretien des voitures et wagons sans distinction de véhicule, quatorze millimes par kilomètre parcouru, ci..................... » fr. 0,014

Pour le parcours du matériel échangé avec les autres Com

pagnies, il sera compté par kilomètre parcouru, par les voitures et wagons :

1° Pour réparations aux wagons d'Orléans ayant circulé sur
les autres lignes, sept millimes, ci........... » fr. 0,007

2° Pour l'entretien des wagons des autres Compagnies circulant sur le réseau d'Orléans, sept millimes, ci... » fr. 0,007

Art. 39.

Les machines destinées à remorquer les trains de matériaux du service de la Voie sont payées comme suit :

Les machines qui circulent sur les lignes en exploitation, à
raison de 7 francs l'heure, ci.................. 7 fr. »

Les machines qui circulent sur les lignes en construction, à
raison de 10 francs l'heure, ci.................. 10 fr. »

Les heures sont comptées à partir du moment où la machine
en état de marche quitte le dépôt, jusqu'au moment où la
machine y rentre, toute heure commencée étant comptée comme
due.

Chaque machine, une fois rendue sur les chantiers, lorsqu'elle ne marche pas, quoique en bon état, est payée quinze
francs (15 fr.) par jour sur les lignes exploitées, et vingt francs
(20 fr.) par jour sur les lignes en construction.

Le transport des machines hors des rails de la Compagnie
est à la charge du service de la Voie. Le transport des Mécaniciens, Aides et matières de consommation des machines est
au compte du service de la Traction.

Les wagons de terrassement sont fournis et entretenus par
le service de la Voie ; au cas où il entre dans les trains des
wagons de l'exploitation, il est payé pour chaque wagon qui

a circulé une somme de soixante-quinze centimes par jour,
ci................................... » fr. 75 c.

Art. 40.

L'Ordre général n° 43, daté du 1ᵉʳ avril 1857, est abrogé
et remplacé par le présent.

1ᵉʳ janvier 1860.

ANNEXE N° 1.
TABLEAU DE LA COMPOSITION DES TRAINS.

NATURE DES TRAINS.	VITESSE.	MARCHE NORMALE DES TRAINS.									OBSERVATIONS.
		POUR UNE MACHINE.			POUR DEUX MACHINES.			POUR UNE MACHINE À MARCHANDISES et une mixte.			
		Paris à Nantes.	Tours Bordeaux et Centre.	Rampes de 8 et 10 millimètres.	Paris à Nantes.	Tours Bordeaux et Centre.	Rampes de 8 et 10 millimètres.	Paris à Nantes.	Tours Bordeaux et Centre.	Rampes de 8 et 10 millimètres.	
Marchandises.	de 21 à 25	42	38	29	60	60	44	58	52	38	Pour les trains remorqués par une machine à marchandises et une machine à voyage, la charge ci-contre sera réduite de 6 wagons.
	26 à 30	37	35	24	60	58	36	52	48	32	
Bestiaux.	26 à 30	52	47	30	60	60	44	60	60	38	
Marchandises remorquées par des machines mixtes.	21 à 25	32	28	18	48	42	28				
	26 à 30	27	25	15	42	36	24				
Bestiaux remorqués par des machines mixtes.	21 à 30	32	28	20	48	42	30				
Mixtes remorqués par des mach. à marchandises.	26 à 30	37	35	24	45	45	36				
Mixtes remorqués par des machines mixtes.	31 à 35	20	18	17	24	24	24				
	36 à 40	18	16	15	24	24	24				
	41 à 45	16	14	13	24	24	24				
Mixtes remorqués par des machines à Voyageurs.	31 à 35	17	15	14	24	24	21				
	36 à 40	15	13	12	24	21	18				
	41 à 45	13	11	10	21	18	15				
Voyageurs remorqués par des machines mixtes.	31 à 35	22	20	19	24	24	24				
	36 à 45	20	18	17	24	24	24				
	41 à 45	18	16	15	24	24	24				
	46 à 50	16	14	13	24	24	24				
Voyageurs remorqués par des machines à Voyageurs.	31 à 35	20	18	17	24	24	24				
	36 à 40	18	16	15	24	24	22				
	41 à 45	16	14	13	24	24	20				
	46 à 50	15	13	12	24	21	18				
	51 à 55	13	11	10	22	18	16				
	56 à 60	12	10	9	20	16	14				
	au delà de 60	10	8	8	16	13	12				

NOTA. — Les trains mixtes sont ceux qui transportent à la fois des Voyageurs et des marchandises enregistrées en petite vitesse.

ANNEXE N° II.

CONDITIONS DE LOCATION DU MATÉRIEL APPARTENANT A DES COMPAGNIES ÉTRANGÈRES.

Les conditions d'échange du matériel avec les Compagnies des lignes aboutissant au chemin de Ccinture et des lignes d'embranchement, varient suivant que les wagons étrangers sont déchargés à notre gare de tête ou qu'ils sont dirigés sur notre ligne.

1° CAS DE TRANSBORDEMENT DES WAGONS A LA GARE DE TÈTE A IVRY.

Prix de location applicable au séjour des wagons.

25 centimes pour les deux premiers jours, y compris celui d'arrivée ;

50 centimes pour le troisième jour ;

3 francs par jour, à compter du quatrième jour.

Les wagons des Compagnies étrangères en retour à Ivry ne doivent jamais être chargés que de marchandises en destination de cette gare ou des au delà.

Les gares et stations devront se conformer rigoureusement aux dispositions ci-dessus relatées, afin d'éviter à la Compagnie des frais considérables, dont il est facile d'apprécier toute l'importance.

Les pénalités prévues à l'INSTRUCTION N° 245, pour les retards dans la réexpédition du matériel étranger, continueront à être sévèrement appliquées.

2° CAS DE CIRCULATION DES WAGONS ÉTRANGERS SUR NOTRE LIGNE.

Prix de location applicable au parcours de ces wagons.

2 centimes par kilomètre sans frais de séjour, en tant que .es délais accordés ne sont pas outrepassés. Ces délais sont calculés d'après une échelle graduée de distances à parcourir, et sont fixés comme suit :

Jusqu'à 120 kil. à l'aller ou 240 kil. aller et retour, il est accordé 4 jours				
180	—	360	—	5
240	—	480	—	6
300	—	600	—	7
360	—	720	—	8
420	—	840	—	9
480	—	960	—	10

Y compris ceux d'arrivée et de départ.

et ainsi de suite, en augmentant d'un jour pour chaque distance de 60 kilomètres venant s'ajouter aux parcours déjà effectués.

Lorsque les délais ci-dessus stipulés sont dépassés, c'est-à-dire lorsque le matériel ainsi pris en location n'est pas rendu au chemin de Ceinture ou à la Compagnie propriétaire dans le temps qui vient d'être prescrit, une indemnité de 3 francs par jour de retard est appliquée à tout excédant de séjour et pour tout wagon retenu au delà de ces limites.

Voici quelques exemples qui complètent ce qui vient d'être dit et facilitent l'appréciation de ces délais.

Un wagon expédié d'Ivry à :

55 kil. Étampes, peut être conservé 4 jours sans frais de séjour.				
120	— Orléans,	—	4	—
200	— Vierzon,	—	6	—
289	— Le Guétin,	—	7	—
301	— Nevers,	—	8	—
340	— Moulins	—	8	—
381	— Saint-Germain,	—	9	—
254	— Tours,	—	6	—

535 kil. Poitiers, peut être conservé 8 jours sans frais de séjour.
447 — Angoulême,   —   10   —
480 — Bordeaux,   —   12   —
413 — Niort,   —   9   —
342 — Angers,   —   8   —
430 — Nantes,   —   10   —
263 — Châteauroux, —   7   —
400 — Limoges,   —   9   —

NOTA. — Un jour de plus est ajouté aux délais ci-dessus pour tout wagon rendu chargé à la gare de la Compagnie propriétaire.

ORDRE GÉNÉRAL N° 50

RÉGLANT

LES FONCTIONS DES AIGUILLEURS.

———✦———

ARTICLE PREMIER.

DÉFINITION DU SERVICE.

Les Aiguilleurs sont des Agents spéciaux chargés de la manœuvre et de l'entretien d'un ou plusieurs changements et croisements de voie.

Ils peuvent, en outre, être chargés de l'exécution des travaux de menu entretien d'une portion de chemin de fer qui prend le nom de *Canton*.

ART. 2.

CHEFS DE STATION. — AIGUILLEURS.

Dans les stations où les mouvements de trains sont rares et peu compliqués, le Chef de station est en même temps Aiguilleur.

Il doit se conformer alors à toutes les prescriptions du présent Ordre. Il a la faculté de faire manœuvrer et entretenir les changements de voie par le Facteur ou par un Homme d'équipe de la station, mais cette manœuvre et cet entretien restent toujours sous sa responsabilité.

ART. 3.

NOMBRE DES AIGUILLEURS. — AIGUILLES MAINTENUES PAR UN CADENAS.

Le nombre des postes d'Aiguilleurs dans les gares et stations et sur tous les points où il existe des changements de voie, est établi conformément aux prescriptions de l'art. 3 du Règlement d'administration publique.

Les aiguilles de changements de voie placées sur les voies principales, à des points de la ligne éloignés des stations et d'un poste d'Aiguilleurs, doivent être maintenues dans leur position au moyen d'un cadenas fermé à clef.

La même mesure peut être appliquée d'une manière permanente ou à des intervalles limités aux aiguilles placées sur les voies principales, dans l'enceinte des gares, lorsque ces aiguilles ne sont pas soumises à des manœuvres fréquentes.

Les Inspecteurs principaux détermineront les aiguilles placées dans les gares et stations qu'il conviendra de cadenasser, et fixeront, au besoin, les limites d'heures dans lesquelles ces aiguilles resteront libres ou cadenassées. Un exemplaire de ces instructions sera affiché dans la guérite des Aiguilleurs chargés de la manœuvre et de l'entretien de ces aiguilles; un autre exemplaire sera transmis au Commissaire de surveillance administrative de la section sur laquelle les aiguilles seront placées.

Les clefs des cadenas servant à maintenir les aiguilles restent sous la garde des Chefs de station, des Aiguilleurs ou des Gardes-lignes, suivant la position des changements de voie.

Art. 4.

MANŒUVRES DES CHANGEMENTS DE VOIE.

Pour la manœuvre du changement de voie, les Aiguilleurs sont placés sous la surveillance directe des Chefs de gare, et ils doivent se conformer en tous points aux ordres qu'ils reçoivent de ces derniers.

Ils disposent les aiguilles avant l'arrivée de chaque train, de manière à le diriger convenablement sur la voie qu'il doit suivre. Ils maintiennent, s'il y a lieu, ces aiguilles pendant tout le temps du passage du train.

Lorsqu'un train aborde par la pointe des aiguilles placées sur les voies principales, à plus de 200 mètres de son point de départ, l'Aiguilleur doit, pendant son passage, se tenir auprès du levier des aiguilles et assurer leur position, à moins qu'elles ne soient maintenues au moyen d'un cadenas fermé à clef.

Si, par suite d'un accident, d'une réparation ou de toute autre cause, la circulation s'effectue momentanément sur une voie, les Aiguilleurs placés à chaque changement de tête ne doivent laisser les trains s'engager sur la voie unique réservée à la circulation qu'après s'être assurés qu'ils ne peuvent pas être rencontrés par un train venant dans un sens opposé.

Art. 5.

ENTRETIEN DES CHANGEMENTS DE VOIE ET DU CANTON.

Pour l'entretien des changements et croisements de voie et de leur canton, les Aiguilleurs sont placés sous l'autorité directe des Chefs de districts et des Chefs de section de la Voie, qui leur

6

transmettent les instructions nécessaires pour cette partie de leur service, et en surveillent l'exécution.

Les Aiguilleurs visitent les aiguilles dans toutes leurs parties avant et après le passage de chaque train, pour s'assurer qu'elles sont en bon état et qu'elles manœuvrent avec facilité.

Dès qu'un dérangement quelconque se manifeste dans un changement ou un croisement de voie, l'Aiguilleur qui en est chargé doit en prévenir de suite le Chef de station ; il en donne avis en même temps au Chef de district ou au Chef de section de la Voie, qui pourvoit à sa réparation.

Si le dérangement est tel que les trains ne puissent pas passer, l'Aiguilleur doit les arrêter, soit en tournant au rouge le Mât de signaux, s'il en existe un convenablement placé, soit en allant à leur rencontre, à 1,000 mètres en avant, pour faire le signal d'arrêt.

Dans l'intérieur des changements de voie, le sable ou la pierre cassée du ballast seront arrasés au niveau des traverses. Les surfaces de glissement des coussinets et les faces intérieures des aiguilles et des rails entaillés seront essuyées tous les jours avec soin, de manière qu'il n'y reste ni sable ni poussière pouvant gêner le mouvement des aiguilles. Les boulons seront aussi passés en revue journellement et les écrous serrés si cela est nécessaire.

En temps de neige et de gelée, les changements et croisements de voie seront nettoyés plusieurs fois par jour, dans le but d'empêcher la formation de bourrelets d'eau ou de neige congelée pouvant gêner leur manœuvre.

Pour l'entretien de leur canton, les Aiguilleurs sont d'ailleurs soumis au Règlement concernant le service des Gardes.

Art. 6.

SIGNAUX.

Chaque Aiguilleur en service doit être muni d'un drapeau rouge le jour, et d'une lanterne à verres vert et rouge la nuit, afin de faire, au besoin, les signaux nécessaires pour arrêter un train ou interrompre la circulation sur les voies.

Art. 7.

AIGUILLEURS DÉPENDANT EXCLUSIVEMENT DU SERVICE DE LA VOIE.

Par exception aux dispositions ci-dessus, les Aiguilleurs placés sur des points de ligne éloignés des stations, tels que ceux de Guillerval, des Aubrais, du Pont-Bannier, de Vierzon-Forges, du Guétin et du Mans, sont mis sous les ordres des Agents du service de la Voie, même pour ce qui concerne la manœuvre des changements de voie.

DISPOSITIONS COMPLÉMENTAIRES.

Art. 8.

CLASSEMENT DES AIGUILLEURS. — SALAIRES.

Les Aiguilleurs sont divisés en trois classes, auxquelles il est alloué des salaires différents.

Dans le but de récompenser les bons services et de punir la négligence, le classement est revu tous les semestres.

Le classement et la nomination des Aiguilleurs sont proposés de concert, au Directeur, par l'Ingénieur en chef de la Compagnie et le Chef de l'Exploitation.

ART. 9.

PAIEMENT DES AIGUILLEURS. — AMENDES. — PRIMES.

Les salaires des Aiguilleurs, autres que ceux désignés à l'art. 7, sont réglés et payés par les soins du Chef de l'Exploitation.

L'Ingénieur en chef de la Compagnie fait connaître, tous les mois, au Chef de l'Exploitation, les amendes que les Aiguilleurs peuvent avoir encourues pour manquement aux instructions concernant l'entretien des changements et croisements de voie et de leur canton. Le montant de ces amendes est retenu sur la feuille de solde.

UNIFORME.

Les Aiguilleurs portent le même uniforme que les Gardes en service. Ils doivent toujours être en tenue.

Un mois après son entrée en fonction, chaque Aiguilleur doit être pourvu de son uniforme, qu'il est obligé de se fournir à ses frais et sans intervention de la Compagnie.

Une prime d'un mois ou d'un demi-mois de traitement, suivant l'importance du poste occupé, sera accordée à tout Aiguilleur qui, pendant toute l'année, aura fait un service irréprochable et n'aura eu aucun accident de son fait sur son canton.

Art. 10.

OUTILLAGE.

Chaque Aiguilleur doit être pourvu à ses frais des outils et objets suivants :

1° Une pelle en fer ;

2° Un râteau à dents de fer ;

3° Un rabot en bois ;

4° Un balai.

Le service de la Voie fournit à chaque Aiguilleur :

1° Une chasse à enfoncer les coins ;

2° Une pioche pour curer à fond les contre-rails des croisements de voie ;

3° Une clef anglaise et accessoire (boîte d'Aiguilleur) ;

4° Une lanterne à verres rouge et vert ;

5° Un drapeau rouge ;

6° Deux burettes, dont une pour l'huile grasse et l'autre pour l'huile à brûler.

Ces objets doivent être constamment tenus au complet et en bon état de service. Les Chefs de gare et de station doivent assurer la stricte exécution de cette mesure, dont ils sont rendus responsables.

Toute perte ou détérioration des outils et objets ci-dessus par la faute des Aiguilleurs reste à leur charge.

Art. 11.

CONGÉS ET REMPLACEMENTS.

Les Aiguilleurs ont droit à une permission d'un jour par mois, dont ils doivent faire la demande à l'avance à leur Chef de gare, comme pour tous les autres congés dont ils peuvent avoir besoin.

Ils sont remplacés dans leur service par les soins des Chefs de section de la Voie, auquel les Chefs de gare et de station doivent donner avis des absences des Aiguilleurs assez à temps pour assurer leur remplacement.

Les dispositions du présent article ne s'appliquent qu'aux Aiguilleurs dépendant du service de l'Exploitation.

L'ORDRE GÉNÉRAL N° 13 est abrogé.

28 *janvier* 1860.

ORDRE GÉNÉRAL N° 51

MANŒUVRE ET ENTRETIEN DES APPAREILS DE LEVAGE

SERVICE DE L'EXPLOITATION.

———— ———— ——⚬—✳—⚬—— · ⸺⸺

§ Ier.

MANŒUVRE.

ARTICLE PREMIER.

La manœuvre des grues et appareils de levage installés aux gares et centres d'exploitation se fait par les Agents du service de l'Exploitation, sous la responsabilité du Chef de gare ou de station.

ART. 2.

Sur la demande des Chefs de gare ou de station, il leur sera remis les chaînes et cadenas nécessaires pour entraver les appareils de levage pendant la nuit ou pendant l'interruption du travail.

Art. 3.

Sous aucun prétexte, la manœuvre des appareils de levage ne doit être confiée à des étrangers ou à des Agents du service de la Compagnie qui n'auraient pas été préalablement familiarisés avec cette manœuvre.

Art. 4.

Tout appareil de levage ou croisillon porte l'inscription bien distincte de son maximum de puissance, ou force normale ; le poids du fardeau à soulever ne doit pas dépasser la force normale de l'appareil ou du croisillon avec lequel on se propose de soulever ce fardeau.

Art. 5.

L'approche de la charge doit être faite de manière à éviter toute traction horizontale au moyen de l'appareil de levage, dans le but d'amener cette charge à l'aplomb du crochet de la chaîne.

Art. 6.

Préalablement à toute manœuvre d'enlevage, le déclic doit être abaissé sur son rochet.

Avant d'enlever le fardeau, il faut s'assurer : 1° qu'il est accroché sensiblement à l'aplomb de son centre de gravité ; cette précaution est surtout nécessaire quand l'enlevage se fait au moyen d'un croisillon ou d'élingues ; 2° que la chaîne de l'appareil ou celles du croisillon ne sont pas nouées et qu'aucune disposition défectueuse dans l'amarrage du fardeau ne peut occasionner la distension des chaînes sous l'action de la charge ; 5° que le colis ne peut être avarié par la pression des chaînes du croisillon ou par les élingues.

Art. 7.

Avant de laisser descendre la charge, il importe de s'assurer que le déclic a été enlevé de son rochet et a été convenablement rabattu de manière à ce qu'il ne puisse y retomber par les vibrations résultant de la descente du fardeau et du mouvement des engrenages.

Art. 8.

Il faut surtout éviter de rabattre le déclic sur le rochet pendant que la charge dévire : il en résulterait un arrêt subit dans la marche descendante de la charge, la rupture infaillible de l'un des organes de l'appareil et peut-être de plus graves résultats. Il convient d'insister tout spécialement sur cette prescription importante dont l'inobservation est la cause journalière d'accidents.

Art. 9.

Le dévirage au frein demande une grande prudence ; il ne doit se faire que sous une vitesse lente et régulière. Une vitesse accélérée peut rompre les chaînes, redresser les manivelles et blesser les hommes.

Art. 10.

Le frein doit toujours être tenu par le Chef de manœuvre

qui, pendant le dévirage, doit toujours rester maître de la
vitesse.

Art. 11.

Le dévirage au frein est interdit et ne doit jamais avoir lieu :
1° quand la charge est d'un poids supérieur à la moitié de la
puissance de l'appareil ; 2° quand le frein n'est pas assez puis-
sant pour maintenir au repos la charge ou la maîtriser d'une
manière absolue dans sa descente.

Art. 12.

Les charges ne doivent pas rester inutilement suspendues aux
appareils de levage. Toute équipe qui abandonne un appareil
sous charge pendant le repos, ou à la fin de la journée, ou pour
tout autre motif non plausible, doit être sévèrement punie.

Art. 13.

Les accidents survenus, soit aux appareils, soit aux colis,
doivent être immédiatement l'objet d'un rapport circonstancié
adressé à l'Ingénieur Chef de l'Exploitation, par le Chef de la
gare ou du centre d'exploitation où l'accident a eu lieu ; en
outre, le Chef de section du service de la Voie doit être avisé
sans retard, par le même Agent, des avaries survenues aux
appareils, afin d'en constater la cause, d'en faire remonter, s'il
y a lieu, la responsabilité jusqu'aux constructeurs, et de faire
exécuter de suite les réparations nécessaires.

§ II.

ENTRETIEN.

Art. 14.

L'entretien, le nettoyage et le graissage des grues et appareils de levage, manœuvrés par le service de l'Exploitation, sont faits par les soins des Agents du service de la Voie.

Art. 15.

Le nettoyage et le graissage sont confiés, dans chaque gare ou centre d'exploitation, à un Agent du service de la Voie, responsable de l'état de propreté des appareils de levage qui s'y trouvent installés ; dans les gares de premier ordre où il existe une équipe spéciale pour l'entretien des plaques tournantes, cette équipe pourra être aussi chargée du graissage et du nettoyage des appareils de levage, sous la responsabilité du Chef de l'équipe ; partout ailleurs, le graissage et le nettoyage des grues seront faits par les Cantonniers, Aiguilleurs, Gardes ou Poseurs.

Art. 16.

Les appareils de levage sont essuyés deux fois par semaine, ou plus souvent, s'il y a lieu, notamment les arbres, les dents d'engrenages et tous les organes soumis à des frottements et qui sont tournés ou rabottés, de manière à être toujours nets et clairs.

Art. 17.

Après avoir été essuyés, les appareils seront graissés avec un peu d'huile de pied de bœuf. L'huile doit être versée en petite quantité : répandue en trop grande abondance, elle fait cambouis et salit les appareils en pure perte.

Les organes qu'il convient d'huiler deux fois par semaine ou plus souvent pour les appareils d'un service journalier sont : les coussinets en bronze des arbres, les axes des poulies de flèche et de moufle (après avoir épinglé les lumières des godets), les dents d'engrenage et la partie tournante des crochets de suspension des appareils à chaîne-Galle. Il suffit de huiler tous les huit jours les pivots, les galets de rotation et les chaînes de Galle, ces dernières après avoir été préalablement passées à la brosse dure. Les chaînes ordinaires à anneaux devront être essuyées, visitées, puis enduites de suif ou de graisse à wagon tous les quinze jours.

Art. 18.

L'Agent chargé de l'entretien des appareils doit, en faisant le graissage et le nettoyage journalier, resserrer, s'il y a lieu, les boulons des paliers et des pièces principales et s'assurer que nul indice de rupture n'existe dans les diverses pièces du système, notamment dans les chaînes.

En outre, cet Agent et MM. les Chefs de section et de district en tournée devront profiter, aussi souvent que possible, des manœuvres de l'Exploitation pour voir fonctionner les grues sous charge, afin de découvrir les indices de rupture ordinairement peu apparents dans un appareil à vide.

Art. 19.

Tous les mois, les pièces mécaniques des appareils de levage devront être démontées et nettoyées avec soin ; les chaînes ordinaires à anneaux et les chaînes-Galle seront passées à un feu doux au moins deux fois par an, de manière à en ôter parfaitement le cambouis et à les recuire. En replaçant les chaînes ordinaires à anneaux sur les appareils, il faudra avoir le soin de ne pas les tordre entre le tambour et la poulie de flèche.

Art. 20.

Des portées en bois d'orme seront constamment maintenues entre les chapeaux des coussinets en bronze et leurs paliers, de manière à assurer un serrage régulier et bien réglé des boulons prisonniers de ces chapeaux.

Art. 21.

Tous les quinze jours, MM. les Chefs de section adresseront à M. l'Ingénieur de l'arrondissement, qui le transmettra à M. l'Ingénieur en chef de la Compagnie, un rapport détaillé, suivant le type arrêté, indiquant l'état de tous les appareils de levage compris dans leurs sections respectives ; les accidents qui surviendraient à ces appareils seront l'objet d'un rapport circonstancié envoyé immédiatement à l'Ingénieur de l'arrondissement et transmis sans retard à l'Ingénieur en chef de la Compagnie.

Art. 22.

L'Ordre général N° 44 est abrogé et remplacé par le présent Ordre.

17 novembre 1860.

ORDRE GÉNÉRAL   N° 52

RÈGLANT LES MESURES A PRENDRE

POUR LE

TRANSPORT DES POUDRES, MUNITIONS DE GUERRE

EN MATIÈRES EXPLOSIBLES OU INFLAMMABLES.

Le Chef de l'Exploitation porte à la connaissance des gares et stations les diverses dispositions arrêtées par l'administration publique, pour régler les conditions de transport sur les chemins de fer des poudres, munitions de guerre, allumettes chimiques et matières explosibles ou inflammables.

§ I⁰ʳ.

RÈGLEMENT POUR LE TRANSPORT PAR CHEMINS DE FER DES POUDRES ET DES MUNITIONS DE GUERRE, ARRÊTÉ PAR LES MINISTRES DES TRAVAUX PUBLICS ET DE LA GUERRE, LE 15 FÉVRIER 1861.

ARTICLE PREMIER.

Conformément à l'article 21 de l'ordonnance réglementaire du 15 novembre 1846, sur la police, la sûreté et l'exploitation des chemins de fer, il est interdit d'admettre les poudres de guerre, de mine ou de chasse, dans les trains de Voyageurs ou dans les trains mixtes. Ces matières ne peuvent être transportées que par les trains de marchandises ne comprenant aucun wagon de Voyageurs.

Art. 2.

Les poudres de guerre doivent toujours être livrées aux chemins de fer dans de doubles barils. Les poudres de mine ou de chasse sont enfermées dans un sac de toile ou dans des cartouches de papier, et placées dans un baril ou dans une caisse de bois. Les munitions confectionnées sont enfermées dans des caisses ou barils, selon l'espèce, le tout conformément au mode en usage pour le transport ordinaire de ces poudres.

Art. 3.

Les barils ou caisses de poudres sont chargés sur des wagons couverts et fermés, à panneaux pleins, munis de ressorts de choc et attelés au contact.

Art. 4.

Lorsqu'un wagon sert au transport de la poudre, son plancher doit être couvert d'un prélart imperméable, de manière à prévenir le tamisage sur la voie.

Art. 5.

Il est interdit de faire usage pour le transport des poudres, de wagons armés de freins (1).

(1) A défaut de wagons fermés sans freins, les poudres pourront être chargées dans des wagons à freins, sous les réserves suivantes :

1° Il est interdit de faire usage du frein; 2° les surfaces des ferrures des axes ou leviers de transmission de mouvement qui pourraient être apparents dans les wagons seront soigneusement recouverts d'étoffes ou enveloppés par des manchons en bois. (INSTRUCTION 26].)

Art. 6.

La charge d'un wagon à poudre, y compris les fûts, est limitée à 5,000 kilogrammes.

Le poids brut d'une livraison ne dépassera pas la charge de dix wagons, c'est-à-dire 50,000 kilogrammes au maximum.

Toutefois, il pourra être dérogé à cette disposition dans le cas de circonstances extraordinaires que l'administration de la Guerre appréciera, et qui feront l'objet de décisions spéciales concertées entre les départements de la Guerre et des Travaux publics. Ces décisions détermineront, pour chaque chemin de fer, le nombre maximum des wagons qui pourront faire partie d'un même convoi de poudres, et, s'il y a lieu, les mesures particulières qui devront être observées dans l'intérêt de la sécurité, en ce qui touche soit la composition, soit la vitesse du train.

Art. 7.

Les wagons chargés de poudres sont placés à l'extrémité du train opposé à la locomotive. Ils doivent cependant être toujours suivis de trois wagons au moins non chargés de poudres ni de munitions de guerre, qui forment la queue du train.

Dans les manœuvres à opérer pour la composition et la décomposition des trains dans les gares, les wagons chargés de poudres ne pourront être manœuvrés à l'aide de machines locomotives.

Art. 8.

Toute livraison de poudres ou de munitions de guerre excédant 500 kilogrammes, poids brut, doit être escortée par la

8

gendarmerie. Au lieu du départ, l'escorte est requise par l'Agent chargé de l'expédition. Le Commandant de gendarmerie à qui la réquisition est adressée transmet d'urgence, aux Commandants de gendarmerie des villes où l'escorte doit être relevée, un avis faisant connaître le jour et l'heure d'arrivée du train.

Un avis semblable est transmis aux mêmes autorités par les Compagnies de chemins de fer à la diligence des Chefs de gare. En outre, ces Compagnies préviennent les Commissaires de surveillance administrative des gares de départ et d'arrivée et de toute station où un transbordement doit avoir lieu, afin que la manutention des chargements puisse être surveillée.

L'escorte est toujours composée de deux gendarmes au moins.

Art. 9.

L'escorte préposée à la garde des poudres prend place avec les Conducteurs du train (1).

Il lui est formellement interdit, ainsi qu'aux Agents du train, de monter, pendant le trajet, sur les wagons chargés de poudres.

Art. 10.

Pendant le séjour momentané des poudres dans les gares, l'escorte ne doit jamais les perdre de vue ni s'en éloigner.

Art. 11.

Les Compagnies seront prévenues, vingt-quatre heures à l'a-

---

(1) Les gendarmes ou douaniers d'escorte devront être reçus dans le fourgon de tête, lorsque le train en contiendra, et ce n'est qu'à défaut de ce fourgon qu'ils pourront être placés, comme les Conducteurs des trains, dans les guérites des wagons à freins.

(INSTRUCTION 263.)

vance, des transports de poudres ou de munitions de guerre qu'elles auront à effectuer.

Lorsque le trajet doit avoir lieu en totalité ou en partie sur des lignes à une seule voie, les Compagnies sont prévenues trois jours à l'avance. Elles font connaître dans le plus bref délai à l'administration de la Guerre le jour et l'heure du départ des trains. Les livraisons de poudres et de munitions aux gares se font en conséquence.

Les poudres sont reçues les dimanches et jours fériés, même après l'heure de midi.

Lorsque les poudres doivent être expédiées par un train de nuit, elles sont amenées à la gare deux heures au moins avant le coucher du soleil et chargées dans les wagons avant la nuit.

Art. 12.

Chaque livraison de poudres doit être expédiée de gare en gare et jusqu'à destination, par le plus prochain train susceptible de recevoir cette nature de chargement. Lorsque le passage d'une ligne à une autre rend un transbordement nécessaire, cette opération ne doit s'effectuer, dans la dernière gare de la première ligne, que lorsque la gare de tête de la seconde est en mesure de recevoir le chargement et de l'expédier.

Cette expédition a lieu immédiatement pour les trains arrivés deux heures au moins avant le coucher du soleil. Pour les trains arrivés plus tard, on l'ajourne au lendemain matin, les transbordements ne devant être effectués que de jour.

Art. 13.

Conformément aux dispositions du Règlement du 15 décembre 1856 (titre III art. 13), les Directeurs d'artillerie reçoivent dans l'enceinte des arsenaux les voitures chargées de poudres, quelle que soit l'heure à laquelle elles se présentent; si elles arrivent la nuit, ils les font conduire à proximité des magasins et attendent jusqu'au jour pour faire opérer le déchargement.

Art. 14.

Lorsque le transport des poudres et des munitions de guerre doit être effectué des magasins de l'État à la gare du chemin de fer et réciproquement, sur des wagons appartenant à l'administration de la Guerre, cette administration prend les mesures nécessaires pour que son matériel ne séjourne pas plus de deux heures dans l'enceinte du chemin de fer et de ses dépendances.

Art. 15.

Le présent Règlement n'est pas applicable aux expéditions de poudres de moins de 200 kilogrammes. Toutefois, les livraisons inférieures à cette quantité seront placées dans des wagons fermés et couverts, ne contenant aucune autre matière explosible ou spontanément inflammable. Elles seront signalées d'une manière spéciale à l'attention du Chef de train.

Art. 16.

Aucune livraison de poudres ne doit être acceptée par les Compagnies sans une feuille d'expédition régulière.

Art. 17.

Le Règlement du 10 novembre 1852 est abrogé.

§ II.

DISPOSITIONS COMPLÉMENTAIRES.

1. Les dispositions du présent Règlement, en ce qui concerne les mesures de sécurité à observer pendant le transport, s'appliquent également aux poudres de mine ou de chasse qui seraient confiées au chemin de fer.

2° Les transports de poudres de moins de 500 kilogrammes, mais supérieurs à 200 kilogrammes, peuvent circuler sans escorte, sous la réserve de n'admettre aucune autre marchandise dans le wagon qui contient ce chargement.

§ III.

TRANSPORT DES ALLUMETTES CHIMIQUES, ARTIFICES ET AUTRES MATIÈRES INFLAMMABLES.

(ARRÊTÉ DU MINISTRE DE L'AGRICULTURE, DU COMMERCE ET DES TRAVAUX PUBLICS, DU 20 AOUT 1857.)

Les allumettes chimiques, quel que soit leur mode de préparation, et le phosphore, sont exclus de tout train transportant des Voyageurs.

Le transport de ces matières, dans les trains de marchandises, est soumis aux conditions suivantes :

ALLUMETTES CHIMIQUES.

Emballage soigné dans une caisse en planches de 1 centimètre d'épaisseur au moins.

Placement des caisses d'allumettes dans des wagons ne renfermant pas d'autres matières combustibles, telles que des spiritueux, des cotons, des pailles, etc., etc., ou des bonbonnes remplies d'acide sulfurique, hydrochlorique ou nitrique.

PHOSPHORES.

Emballage dans des vases à parois non fragiles, étanches et remplis d'eau. Les wagons qui contiendront soit des allumettes, soit du phosphore, seront toujours placés dans la dernière moitié du train, et de manière qu'il y ait, autant que possible, trois ou quatre wagons derrière eux.

L'Ordre général n° 21 est abrogé.

2 mai 1861

ORDRE GÉNÉRAL N° 53

RÉGLANT

LE SERVICE DE SANTÉ.

—————

CHAPITRE PREMIER.

ORGANISATION DU SERVICE.

ARTICLE PREMIER.

Le service de Santé est centralisé, à Paris, par un Médecin principal, nommé par le Conseil d'administration de la Compagnie. Il est divisé en circonscriptions médicales confiées aux soins de Médecins nommés également par le Conseil, et résidant à la proximité d'une station.

Des Médecins consultants ou honoraires peuvent, en outre, être nommés par le Conseil, lorsque les circonstances justifient cette disposition exceptionnelle.

Nul ne peut être nommé Médecin de la Compagnie, s'il n'est docteur en médecine.

Dans les circonscriptions où le service est trop chargé, le Directeur peut, sur le rapport du Médecin principal, proposer la nomination d'un Médecin adjoint.

Les fonctions de Médecin adjoint peuvent être définitives, ou seulement temporaires.

La résidence et les limites du service des Médecins de circonscription sont déterminées par un tableau spécial dressé chaque année dans le courant du mois de janvier par le Médecin principal et approuvé par le Directeur.

Art. 2.

Les attributions des Médecins de la Compagnie sont les suivantes :

1° S'assurer de l'état de santé et de la constitution des Employés avant leur admission ;

2° Constater et soigner leurs maladies pendant la durée de leurs fonctions ;

3° Pourvoir à toutes les mesures nécessaires en cas d'accident sur la ligne ;

4° Rechercher et proposer les dispositions utiles pour améliorer, s'il y a lieu, les conditions hygiéniques des établissements et du personnel ;

5° Surveiller l'emploi et le bon entretien des dépôts de médicaments, ainsi que des boîtes de secours et autres appareils du service de Santé.

CHAPITRE II.

ADMISSION DES EMPLOYÉS. CONGÉS DE CONVALESCENCE.

ART. 3.

Aucun employé nouveau ne sera admis à entrer en fonctions, s'il n'a passé la visite du Médecin de la Compagnie, et s'il n'a été constaté que son état de santé est bon et que sa constitution offre les garanties nécessaires à l'emploi qui lui est destiné.

Ce certificat, dressé conformément au Modèle imprimé n° 186, doit être exigé par le Chef du service auquel on adresse l'Employé et transmis, par ses soins, au Directeur, pour classement au dossier du personnel (1).

ART. 4.

Les employés ne peuvent obtenir de congés pour cause de maladie ou de convalescence que sur un certificat délivré par le Médecin de la Compagnie. Ce certificat doit être envoyé au Chef du service, et non remis à l'Employé (1).

---

(1) Dans aucun cas, le certificat d'un Médecin d'une circonscription ne peut être contrôlé par le médecin d'une autre circonscription. Le Directeur prend, s'il y a lieu, l'avis du Médecin principal sur les réclamations.

CHAPITRE III.

TRAITEMENT DES EMPLOYÉS MALADES.

§ Ier.

CONSULTATION ET VISITES.

Art. 5.

Les Médecins de la Compagnie doivent leurs soins à tous les Employés (1) dans toutes leurs maladies ou blessures contractées au service de la Compagnie, et pendant toute la durée de ces maladies (2).

Art. 6.

Si l'incapacité de travail résulte de rixes, d'inconduite ou de maladies chroniques antérieures à l'admission de l'employé, il n'a aucun droit aux soins du Médecin de la Compagnie.

(1) Sous le titre d'Employés sont compris : les Employés proprement dits, les ouvriers occupés à des travaux permanents et tous les Agents de la traction.

Le service spécial, créé à Ivry et à Tours, pour les ouvriers des ateliers et leurs familles, conserve jusqu'à nouvel ordre son organisation, mais il est placé, comme les autres circonscriptions, sous la direction du Médecin principal.

(2) La rédaction de l'ancien art. 5 était moins large, mais les Médecins de la Compagnie ont toujours accepté bénévolement la visite de tous les malades, de même que les Employés les plus rétribués se sont toujours abstenus de réclamer le bénéfice du règlement.

Les Médecins ont aussi, par dévouement, pris l'habitude de soigner les familles des Employés les moins rétribués. Le Conseil les verra avec plaisir continuer cette mission d'humanité, mais il ne saurait leur en faire une obligation, excepté pour les familles des ouvriers des ateliers d'Ivry et de Tours.

Dans ce cas, comme dans celui où l'Employé habite à plus
de *deux kilomètres* du centre de son service, le Médecin de la
Compagnie doit néanmoins constater la nature et la durée de la
maladie, et en donner avis au Chef du service de l'Employé.

Art. 7.

Dans le cas où, d'après la décision des Médecins, il y a lieu
de transporter un Employé malade à l'hôpital, le Médecin de la
Compagnie doit faire les démarches nécessaires pour obtenir
son admission.

Art. 8.

Lorsqu'un Employé réclame les soins d'un Médecin étranger
au service de la Compagnie, le Médecin de la circonscription à
laquelle appartient l'Employé doit se borner à constater la maladie, afin d'en apprécier la nature et la durée, et d'en rendre
compte au rapport.

Art. 9.

Si, dans un cas urgent ou grave, le Médecin se trouve
dans l'impossibilité de se rendre auprès d'un Employé malade
ou de lui rendre des visites assez fréquentes, il doit immédiatement déléguer un de ses confrères ou en donner avis
au Chef du service de l'Employé, pour qu'il fasse appeler
un médecin de la localité.

Dans le cas où l'Employé habite à plus de deux kilomètres
du centre de son service, le Médecin n'est tenu qu'à constater la nature et la durée de la maladie ; le traitement
demeure aux frais de l'Employé. Cependant à Paris, le trai-

tement médical est divisé en trois circonscriptions, confiées à des Médecins qui sont tenus de les habiter, et il est accordé à tous les Employés, quel que soit leur domicile (1).

Art. 10.

Chaque jour, à l'heure fixée pour leur visite, les Médecins de la Compagnie doivent se rendre au chef-lieu de leur circonscription, afin de donner des consultations aux Employés qui ont à réclamer leurs soins.

Lorsqu'un Employé est trop malade pour venir lui-même à la consultation, le Médecin de la Compagnie doit se rendre auprès de lui et constater la nature, les causes et la durée probable de la maladie.

Art. 11.

La maladie d'un Employé est constatée par un bulletin à double coupon détaché d'un registre à souche.

Ce bulletin est dressé par le Chef de la partie du service à laquelle appartient l'Employé (Chef de bureau de l'administration centrale, Chef de gare, Chef de dépôt, Chef d'atelier, Chef d'entretien, Chef de section de la voie, Chef de district, Conducteur de travaux), conformément à l'imprimé Modèle n° 136.

La souche reste aux mains du Chef de service de l'Employé ; le double coupon est adressé directement au Médecin de la cir-

_____

(1) Il va sans dire que s'il n'y a aucun médecin dans le lieu habité par l'Employé ou à proximité, le Médecin de la Compagnie doit lui donner ses soins; l'humanité en ce cas, comme en beaucoup d'autres, est le vrai commentaire du règlement.

conscription, qui doit, si le malade ne se présente pas à la consultation le jour même, se rendre au domicile indiqué pour constater la légitimité de son absence.

Le Médecin formule, suivant les indications de l'imprimé, ses appréciations sur les causes et la durée probable de la maladie et les droits de l'Employé à la continuation de sa solde.

Le coupon qui porte ces indications est immédiatement renvoyé au Chef du service de l'Employé, qui le joint au rapport journalier, après l'avoir transcrit sur la souche.

L'autre coupon reste aux mains du Médecin jusqu'à ce que l'Employé soit en état de reprendre son service; il lui est remis alors à titre d'*exeat* pour qu'il le représente à son Chef immédiat, en faisant constater sa rentrée en fonctions.

ART. 12.

Les Chefs de service doivent s'appliquer à indiquer avec la plus grande exactitude les adresses des employés signalés malades, afin d'éviter au Médecin des courses inutiles. Ils doivent en outre, en dressant le bulletin de santé, spécifier si le malade est en état de se rendre lui-même à la consultation, et si, devant être visité à domicile, il désire recevoir les soins d'un médecin particulier (1).

ART. 13.

Lorsqu'un Employé signalé malade ne se présente pas à la consultation ou ne se trouve pas chez lui lors de la visite du

(1) Il est expressément recommandé aux Employés de ne pas déplacer le Médecin sans nécessité, et de se rendre à la consultation toutes les fois que leur maladie n'est pas de nature à les forcer à garder la chambre.

Il leur est également enjoint d'avertir le Médecin dès qu'ils sont en convalescence et commencent à sortir.

Médecin, il est considéré comme en état d'absence illégale et porté comme tel au rapport. Sa solde doit être supprimée pour tout le temps qu'aura duré son absence non autorisée.

Art. 14.

Lorsqu'un Employé malade ne reprend pas son service à la date fixée par le Médecin comme terme probable de la maladie, le Chef de la partie du service à laquelle appartient l'Employé doit dresser immédiatement un second bulletin pour provoquer les appréciations du Médecin sur les causes de l'absence prolongée de l'employé. Si l'absence est sans motif, la solde est supprimée pendant la durée de cette absence.

Art. 15.

Les Chefs de bureau de l'administration centrale, Chefs de gare, Chefs de dépôt, Chefs d'atelier, Chefs d'entretien, Chefs de section de la voie, Chefs de district et Conducteurs de travaux, sont, chacun en ce qui concerne son service, responsables de l'exécution des art. 11, 12, 13 et 14 ci-dessus.

Art. 16.

Chaque Médecin de circonscription tient, à la gare où est établi le centre de son service, un registre spécial (Modèle n° 185) sur lequel il inscrit, jour par jour, les noms et fonctions des employés malades, la date de l'invasion de la maladie, sa nature, sa durée et les causes probables auxquelles elle doit être attribuée.

Ce registre est présenté au Médecin principal, et visé par
lui à chacune de ses tournées.

Art. 17.

Outre leur visite journalière à la gare ou à la station établie au lieu de leur résidence, les Médecins des circonscriptions visitent, au moins une fois par mois, tous les établissements
dont le personnel est confié à leurs soins, afin de constater
l'état général de la santé des Employés, les conditions sanitaires des établissements, l'état des boîtes de secours, dépôts
de médicaments, etc.

Le rapport de cette visite est adressé au Médecin principal
de la Compagnie, qui en remet le résumé au Directeur, avec
ses observations et propositions.

§ II.

DÉLIVRANCE DES MÉDICAMENTS.

Art. 18.

Une boîte de secours et, s'il y a lieu, un approvisionnement de médicaments, sont déposés dans les principales gares
et stations.

Ces objets sont placés sous la garde et la responsabilité des
Chefs de gare et, en leur absence, de leur remplaçant. La
boîte doit être fermée, pour la conservation des médicaments,
mais la clef doit rester à la gare et être placée dans un lieu
apparent.

Un brancard, propre à transporter les malades et les blessés, est en outre établi à chaque gare ou station où il y a un dépôt de locomotives, et à chaque station où réside un Médecin de circonscription.

Art. 19.

Les demandes de médicaments, d'achat, de réparation ou de renouvellement des appareils ou instruments nécessaires au Service de Santé de chaque circonscription, sont faites par les Chefs de gare ou de station, dans les formes ordinaires des demandes d'approvisionnement.

Les bons dressés pour ces demandes sont visés par le Médecin de la circonscription et adressés, avec ses observations, au Médecin principal de la Compagnie, qui apprécie dans quelle mesure il convient d'y donner suite.

Art. 20.

En dehors des maladies causées par le service, la Compagnie n'accorde les médicaments gratuits qu'aux Employés dont le traitement n'excède pas 2,100 francs.

Les médicaments, même quand ils sont délivrés par les dépôts des gares ou par les Sœurs établies par la Compagnie, sont exclusivement achetés chez les pharmaciens désignés dans chaque circonscription par le Directeur de la Compagnie, sur la proposition du Médecin principal.

Les notes des fournitures, vérifiées par le Médecin qui a fait l'ordonnance, et certifiées par le Chef du service auquel appartient l'Employé, sont réglées chaque mois comme les autres dépenses du service courant (1).

(1) Voir, p. 17, les Instructions spéciales pour les pharmaciens.

Art. 21.

A Paris, des cartes de dispensaires de la Société philanthropique sont, s'il y a lieu, mises à la disposition du Médecin principal, pour les familles des Employés qui réclament cette faveur.

CHAPITRE IV.

ACCIDENTS.

Art. 22.

En cas d'accident sur le chemin de fer, le Médecin de la circonscription, et, s'il y a nécessité, le Médecin le plus voisin, doivent être immédiatement appelés, *par exprès,* pour donner les premiers secours et organiser, s'il y a lieu, un service d'ambulance.

En l'absence de tout médecin, ou avant son arrivée, l'instruction du Médecin principal concernant les premiers soins à donner aux blessés, annexée au présent ordre, doit être scrupuleusement observée par tous les Employés présents à l'accident.

Art. 23.

Le Médecin qui est appelé à organiser les premiers secours doit faire un rapport circonstancié sur les résultats de l'accident et les mesures qu'il a jugé convenable de prendre.

Il doit constater en outre, dans un procès-verbal détaillé, le nombre et les noms des personnes atteintes, le genre et la gravité de leurs blessures.

Ces pièces sont transmises dans le plus bref délai au Directeur de la Compagnie.

Les médecins de la Compagnie doivent leurs soins, pendant toute la durée de la maladie, aux personnes blessées par accident.

CHAPITRE V.

ATTRIBUTIONS DU MÉDECIN PRINCIPAL ET RELATIONS AVEC LES MÉDECINS DES CIRCONSCRIPTIONS.

Art. 24.

Le Médecin principal réside à Paris ; il centralise le service médical de toutes les circonscriptions et le dirige dans son ensemble sous l'autorité immédiate du Directeur (1).

Il est appelé à donner son avis et à réunir tous les renseignements propres à éclairer le choix du Directeur sur les titres des candidats à présenter au Conseil d'administration pour les vacances ou nominations nouvelles dans le cadre des Médecins de la Compagnie.

Art. 25.

En cas d'accident déterminant des blessures graves, et lorsque l'état d'un Employé malade ou blessé nécessite une consultation, le Médecin principal doit être immédiatement prévenu, et se rendre sur les lieux pour suivre et diriger toutes les mesures

(1) Le Médecin principal prend en outre, soit seul, soit avec un de ses collègues, la Direction du Service de Santé dans une ou plusieurs des circonscriptions de Paris.

à prendre, et préparer les propositions à faire au Directeur pour les soins à donner aux blessés, les indemnités à régler et tous autres intérêts de cette nature.

Art. 26.

Le Médecin principal reçoit les rapports et les propositions des Médecins des circonscriptions, et les résume dans un rapport sur l'état sanitaire du personnel de tous les services, qu'il adresse au Directeur le jeudi de chaque semaine (1).

Art. 27.

Le Médecin principal fait, tous les six mois au moins, l'inspection du Service de Santé dans les établissements de la Compagnie ; il réclame des Médecins des circonscriptions et des Chefs, et Employés des divers services, qui doivent les lui fournir, tous les renseignements de nature à intéresser les conditions hygiéniques du personnel et des établissements, et il fait toutes les propositions utiles pour l'amélioration de ces conditions.

Art. 28.

A la fin de chaque année, le Médecin principal prépare, sur l'ensemble et les détails du Service de Santé, un rapport et un

(1) Les correspondances des Médecins soit entre eux, soit avec les divers agents de la Compagnie, qui sont transportées par le chemin de fer, doivent, comme toutes les correspondances des services, être expédiées sous bandes, de manière que les agents des postes puissent s'assurer qu'elles concernent exclusivement le service. Les bandes peuvent être remplacées par des enveloppes non fermées avec les angles coupés. Chaque pli doit être contre-signé par l'expéditeur.

état statistique complets, constatant le nombre des malades et la nature des maladies, blessures ou accidents.

Art. 29.

Si, par maladie ou par toute autre cause, un Médecin de la Compagnie est momentanément empêché dans son service, il doit en prévenir le Médecin principal et lui proposer un de ses confrères pour le remplacer pendant son absence.

Art. 30.

Dans les cas graves, le Médecin d'une circonscription peut être désigné par le Médecin principal pour l'assister dans le traitement de la maladie, bien que l'employé malade ne fasse pas partie du service du Médecin désigné.

Art. 31.

Les Médecins des circonscriptions doivent adresser *chaque semaine, au médecin principal*, à Paris, un rapport détaillé conforme au Modèle imprimé n° 284, sur l'état sanitaire du personnel confié à leurs soins, le nombre et les noms des malades en traitement, la nature et la marche des maladies, le traitement suivi ou proposé, etc., etc. Ce rapport doit être expédié *au plus tard le mardi*, et plus tôt si cela est nécessaire, *pour qu'il arrive à Paris le mercredi matin.*

Art. 32.

L'Ordre général n° 28 est abrogé, ainsi que les Instructions n° 206, 209, 244, 268, 573, 587, 512, 1805, 1832, 1866, 2012 et 2042.

Paris, le 15 janvier 1861.

Proposé par le Médecin principal de la Compagnie,

Signé : Dr GALLARD.

Approuvé par le Directeur,

Signé : C. DIDION.

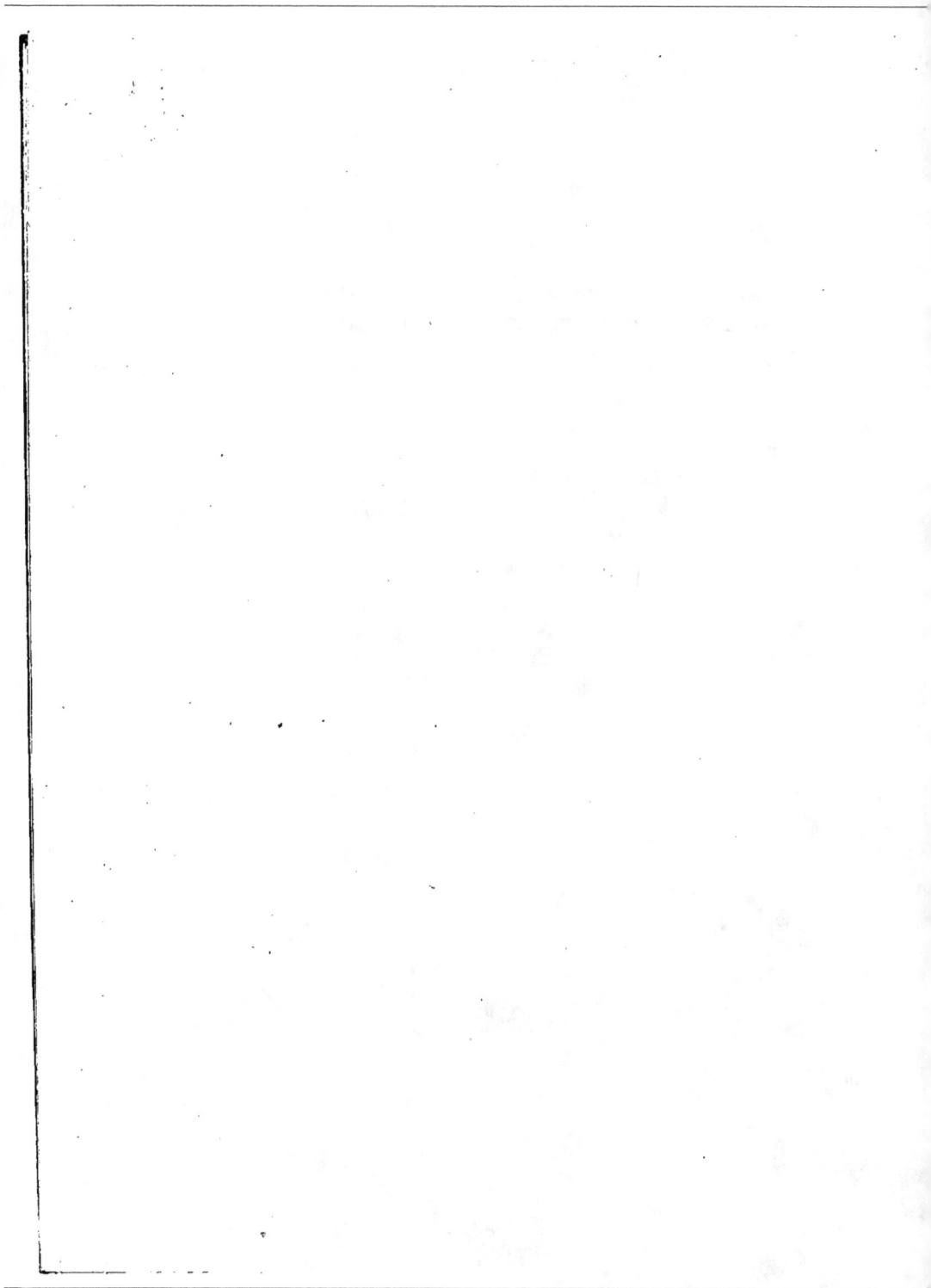

DISPOSITIONS COMPLÉMENTAIRES.

————◆◇◆◇◆————

I. INSTRUCTIONS POUR LES PHARMACIENS.

————————

1. Les pharmaciens de la Compagnie doivent, à la fin de chaque mois, adresser aux Chefs de service un mémoire en double des fournitures faites par eux en se conformant au tarif ci-contre.

2. Ce mémoire, dressé conformément au Modèle imprimé n° 808, doit porter l'indication du nom et de la fonction des employés auxquels les médicaments auront été délivrés.

3. Il doit être visé par le Médecin de la circonscription, qui s'assurera que les médicaments ont été délivrés conformément à ses ordonnances, et vérifiera si le prix de chaque substance est conforme au présent tarif. Pour faciliter cette vérification, il est indispensable que le poids de chacune des substances entrant dans les formules des médicaments composés soit détaillé sur la note du pharmacien, et qu'à cette note soient, en outre, annexées les ordonnances, comme pièces justificatives.

4. Si le mémoire n'était pas remis dans le courant du mois qui suit la fourniture, il serait réglé, non plus d'après le tarif ci-contre, mais d'après celui de l'administration de l'assistance publique.

5. Le tarif a établi une différence dans les prix du même médicament, suivant la quantité délivrée ; mais il est entendu que toutes les fois que la quantité prescrite dépassera le chiffre indiqué dans une des colonnes, le prix du médicament sera réglé non plus d'après le taux de cette colonne, mais d'après celui de la colonne immédiatement supérieure.

6. La Compagnie ne tient pas compte des vases; en conséquence, les pharmaciens sont autorisés à faire déposer par les malades, à titre de garantie, le prix de ces vases ; mais ils sont tenus de les reprendre pour le prix déposé, lorsqu'on les leur rapporte propres et en bon état.

Il est alloué 5 centimes pour prix de la boîte chaque fois qu'un médicament est délivré sous forme de pilules ; de plus, pour la division des médicaments en paquets ou la confection des pilules, les pharmaciens ont droit à 2 centimes par pilule ou par paquet jusqu'à dix, et à 1 centime pour chaque pilule ou chaque paquet dont le nombre dépasse dix.

7. Les médicaments ne peuvent être délivrés pour le compte de la Compagnie que sur l'ordonnance d'un de ses Médecins, sauf les cas d'urgence; mais même alors la note des fournitures doit être visée par le Médecin de la circonscription. Les pharmaciens s'engagent à fournir à tous les employés de la Compagnie. d'après les prix portés au présent tarif, les médicaments dont ils pourront avoir besoin soit pour le compte de la Compagnie, soit pour leur compte personnel.

8. Les médicaments qui ne figurent pas sur le tarif ne peuvent être délivrés pour le compte de la Compagnie sans une autorisation spéciale du Médecin principal. Il sera fait mention de cette autorisation sur la note du pharmacien, sans quoi le prix de la substance pourrait être supprimé d'office.

9. Le pharmacien peut toujours réclamer à l'Employé à qui il en a fait fourniture, le prix des médicaments qui ne lui auront pas été payés par la Compagnie.

II. BOITES DE SECOURS.

1. Lorsqu'une circonstance urgente a forcé de recourir à la boîte de secours en l'absence du Médecin de la Compagnie, ce dernier doit en être *immédiatement* avisé pour qu'il puisse faire remplacer les objets employés (**1**).

2. Les Chefs de gare ou de station qui, faute d'avoir prévenu le Médecin en temps utile, laisseront leur boîte de secours dégarnie, seront signalés au rapport.

III. INSTRUCTIONS POUR LES PREMIERS SOINS A DONNER AUX BLESSÉS AVANT L'ARRIVÉE DU MÉDECIN.

Lorsque, par suite d'un accident arrivé, soit en route, soit dans une gare ou à un convoi, une personne est blessée, la première chose à faire est d'isoler le blessé et de le placer sur un brancard ou sur un coussin de wagon, en dehors de la voie ferrée, dans un endroit bien aéré, à l'abri du froid et de l'humidité.

En attendant le Médecin de la localité, qui devra être prévenu de suite, on procédera de la manière suivante à l'administration des soins, qui devront varier selon la nature des accidents.

_____

(1) Les bandes et compresses qui ont déjà servi doivent être lavées avec soin et replacées ensuite dans la boîte. Les objets de pansement qui, après avoir été employés, ne seront pas complétement mis hors de service, devront également être réintégrés dans les boîtes de secours.

§ Ier.

PERTE DE CONNAISSANCE. — SYNCOPE. — ASPHYXIE.

Lorsqu'un blessé a perdu connaissance, il faut l'étendre sur le dos, la face exposée au grand air, desserrer ses vêtements, laver la figure avec de l'eau froide pure ou légèrement vinaigrée, débarrasser la bouche, les narines et les yeux des corps étrangers qui pourraient obstruer ces ouvertures, donner à respirer du vinaigre ou de l'éther, asperger la figure avec de l'eau froide ; au besoin, frictionner la région du cœur avec de l'eau-de-vie camphrée.

Si la perte de connaissance est due à une hémorrhagie, on doit arrêter le sang le plus promptement possible.

S'il y a asphyxie (absence de respiration), il faut porter sous le nez du blessé un flacon d'éther et même d'ammoniaque, frictionner longtemps et fortement les membres avec de l'eau-de-vie camphrée et une flanelle chaude.

§ II.

PLAIES.

On nettoie les plaies récentes avec de l'eau fraîche, afin d'enlever les corps étrangers qui peuvent y séjourner. Si la plaie a son siége à la tête ou à la poitrine, on y applique des compresses d'eau froide ; si elle existe à un des membres, on place celui-ci dans la position la plus convenable pour que la plaie ne soit pas béante ; on la maintient fermée à l'aide de taffetas gommé, de bandelettes de diachylon, ou bien on la recouvre avec une compresse trempée dans l'eau froide qu'on maintient avec une bande.

Si la plaie est compliquée d'un corps étranger, comme frag-
ment de bois ou de fer, qui a pénétré dans les chairs, on en fait
l'extraction si elle peut avoir lieu sans tiraillement ou sans écou-
lement de sang ; autrement, on le laisse dans la plaie jusqu'à
l'arrivée du médecin, en ayant soin toutefois de mettre le blessé
dans la position la plus commode et la moins douloureuse.

§ III.

HÉMORRHAGIE OU PERTE DE SANG.

Quand le sang coule en grande abondance d'une plaie, que le
blessé pâlit et est menacé de mourir, il n'y a pas de temps à
perdre : il faut porter rapidement un ou plusieurs doigts dans la
plaie sur le point d'où le sang jaillit et y exercer une compression
suffisante pour l'arrêter. Si la disposition des parties le permet,
on saisit et l'on comprime entre le pouce et les autres doigts
les chairs d'où s'échappe le sang.

Quand il est arrêté, ce dont on s'assure en soulevant légèrement la main ou les doigts, on applique de la charpie sèche, des
compresses et une bande assez fortement serrée, surtout au-
dessus de la plaie.

Si malgré ce pansement l'hémorrhagie persiste, il faut remplacer la charpie sèche par de la charpie imbibée de perchlorure de
fer étendu d'eau.

§ IV.

CRACHEMENT OU VOMISSEMENT DE SANG.

Ce symptôme survient à la suite d'une blessure de tête ou
d'une contusion à la poitrine ; dans ces deux cas, on applique

des compresses d'eau froide au siége de la contusion, et l'on fait boire quelques gorgées d'eau froide ou légèrement vinaigrée.

§ V.

LUXATION DES MEMBRES.

Quand un membre est démis, on le place dans la position la plus commode pour le blessé et on applique des compresses d'eau froide sur les jointures lésées.

§ VI.

FOULURES. — ENTORSES.

Dans ces deux cas, on met le membre dans un seau d'eau froide pendant une heure environ, en renouvelant l'eau de temps à autre ; on peut encore appliquer sur l'endroit malade des compresses d'eau froide, salée, vinaigrée ou additionnée d'un vingtième environ d'extrait de Saturne.

§ VII.

FRACTURES.

Quand un os est cassé, s'il n'y a pas de plaie, on doit maintenir le membre dans l'immobilité la plus complète en attendant le médecin.

Si la fracture est compliquée de plaie avec issue d'un ou plusieurs fragments, on essaie de les faire rentrer en tirant légèrement d'une manière régulière sur chaque extrémité du membre en sens opposé, puis on le maintient en place à l'aide d'un mouchoir ou d'une bande.

1° Pour le bras, on le met en écharpe en l'appliquant contre la poitrine, qui sert de point d'appui ;

2° Pour les membres inférieurs, quand un seul est fracturé, on l'attache solidement à la jambe saine, ou bien encore on applique à son côté externe une attelle ou planchette que l'on maintient à l'aide de bandes ou de mouchoirs.

§ VIII.

FRACTURES COMPLIQUÉES. — MEMBRES BROYÉS OU ARRACHÉS.

Lorsqu'un membre a été broyé, séparé complétement ou presque complétement du corps, l'accident immédiat le plus à redouter, c'est l'hémorrhagie, qu'il faut de suite arrêter. (Voir le § III.)

Si le membre est séparé complétement, on l'éloignera du malade ; s'il tient encore, on le laissera attaché, quand même le lambeau serait de peu d'étendue.

§ IX.

COUPS DE TAMPON. — CHUTES.

Quand la tête, la poitrine, le ventre, les membres sont pris entre deux tampons ou contus à la suite d'une chute de wagon, il peut en résulter perte de connaissance, crachement de sang, fracture des côtes et des membres, cas prévus ci-dessus ; il faut se reporter à ce qui a été dit pour chaque cas particulier.

§ X.

BRULURES.

Une partie brûlée, à quelque degré, par quelque cause que ce soit, doit être recouverte pendant une heure de compresses trempées dans l'eau froide, ensuite frictionnée avec de l'huile fraîche et saupoudrée avec de la farine de froment.

§ XI.

CONDUITE A TENIR AUPRÈS DES BLESSÉS.

1° Il importe de conserver le plus grand sang-froid auprès des blessés, se garder de toute précipitation dans les soins à donner, et ne pas manifester par les paroles, par les gestes, l'impression fâcheuse que l'accident peut faire éprouver.

2° On ne doit pas laver les plaies avec l'urine, l'eau salée ou toute autre substance; l'eau seule doit être employée.

3° Il faut éviter tout tiraillement dans le cas de blessures graves; on ne doit enlever les vêtements au blessé que lorsqu'il y a nécessité absolue.

4° Il ne faut jamais achever de détacher un lambeau de chair, quelque mince que soit la partie qui le retiendra au reste du corps.

5° En cas de foulure, entorse, luxation des membres inférieurs, et sauf les cas spéciaux définis au § VII pour les fractures avec issue des os, il faut éviter de faire marcher le blessé, se garder de toute traction, massage et autres attouchements sur le membre affecté.

6° Lorsqu'il y a hémorrhagie, il faut éviter de placer le blessé dans un lieu chaud, de lui faire prendre aucune boisson chaude ni spiritueuse, comme vin, bière, eau-de-vie ou liqueur; l'eau froide pure ou légèrement sucrée en petite quantité doit suffire dans tous les cas.

7° Un blessé ne doit prendre aucun aliment avant l'arrivée du Médecin.

Ces instructions, tout incomplètes qu'elles sont, doivent suffire aux personnes étrangères à la médecine, et il leur est expressément recommandé de ne pas aller au delà.

§ XII.

Un exemplaire des présentes instructions sera déposé dans chaque boîte de secours.

Il en sera remis également un exemplaire aux employés des divers services que leurs fonctions appellent à en assurer l'exécution.

Paris, le 1er juillet 1850.

Le Médecin principal de la Compagnie,

Signé : BISSON.

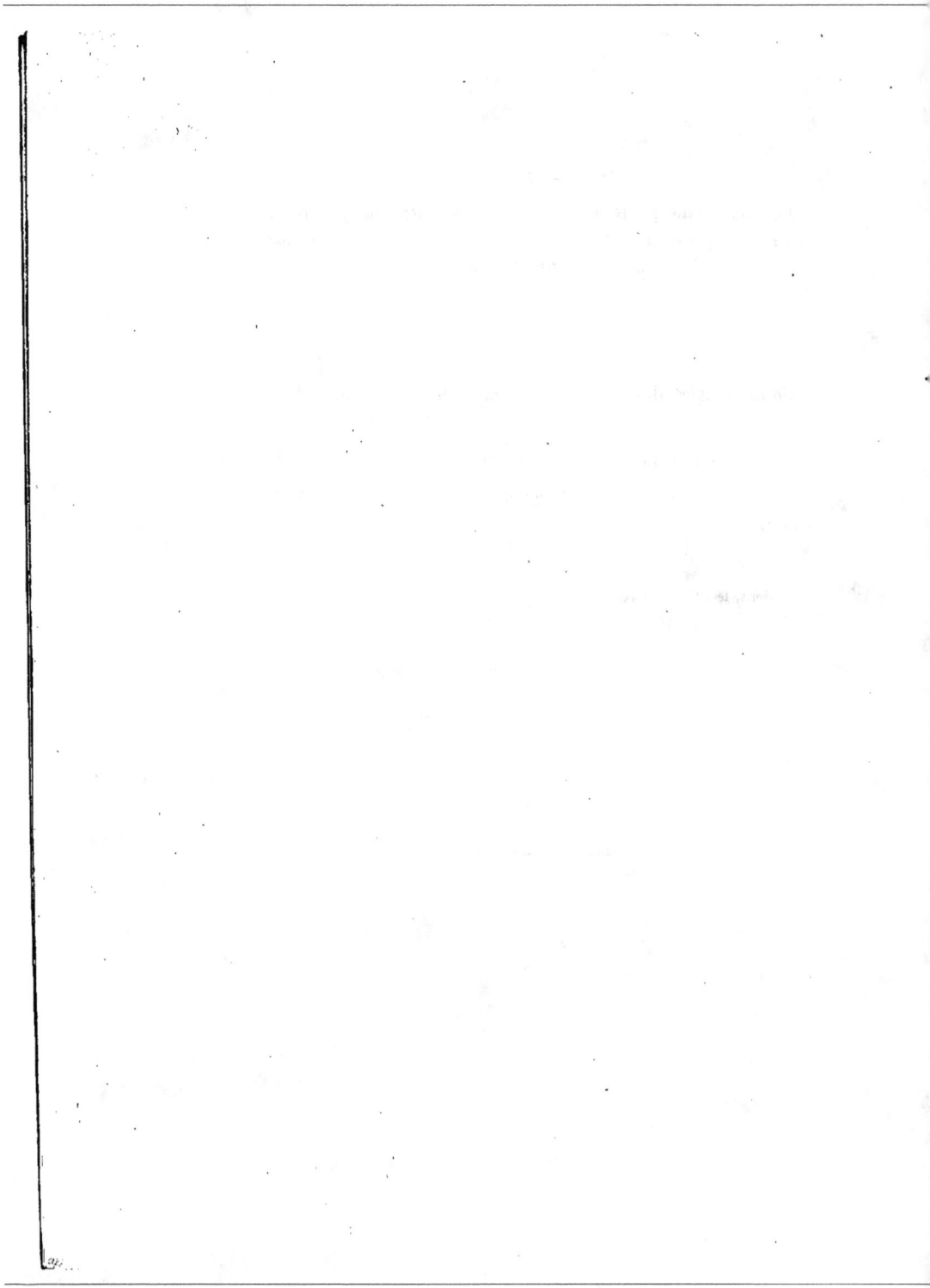

TABLEAU DES CIRCONSCRIPTIONS MÉDICALES

Dressé en exécution de l'article 1er DE L'ORDRE GÉNÉRAL RÉGLANT LE SERVICE DE SANTÉ.

NOTA. — Les gares et stations ont pour limites les Disques destinés à les couvrir.

CIRCONSCRIPTIONS MÉDICALES.	NOMS		RÉSIDENCES DES MÉDECINS ET DES PHARMACIENS.
	DES MÉDECINS.	DES PHARMACIENS	
PARIS.	MM.	MM.	
Première circonscription. Bureaux de l'administration centrale, gare de Paris. Bureau central et bureaux de ville.	BISSON, médecin principal honoraire et consultant. GALLARD, médecin principal, chef du service de santé. MAUREL, médecin adjoint.		
Deuxième circonscription. Gare des marchandises. Service de la voie jusqu'aux fortifications.	GOCHERAND.	MAYET, pharmacien central.	**Paris.**
Troisième circonscription. Ateliers et traction.	SALONE.		
Des Fortifications à JUVISY exclusiv.	BOURDIN.	COUDEREAU.	**Choisy.**
De JUVISY inclusivement à CORBEIL inclusivement.	DEVOUGES.	DUVIVIER.	**Corbeil.**
De JUVISY inclusivement à LARDY inclusivement.	CHAIROU.	DELANTE.	**Savigny-sur-Orge.**
De LARDY exclusivement à TOURY inclusivement.	BOURGEOIS.	DELISLE.	**Étampes.**
De TOURY exclusivement à LA FERTÉ inclusivement (Orléans compris).	LATOUR.	DUFOUR.	**Orléans.**
De LA FERTÉ exclusivement à REUILLY et MEHUN inclusivement.	MICHALSKI.	BODIN.	**Vierzon.**
De REUILLY exclusivement à CHATEAUROUX inclusivement.	PATUREAU.	DURET.	**Châteauroux.**
De CHATEAUROUX exclusivement à EGUZON inclusivement.	MACQUART.	THOMAS.	**Argenton.**
D'EGUZON exclusivement à BERSAC inclusivement.	DE LA PLAGNE.	LAROCHE.	**La Souterraine.**
De BERSAC exclusivement à LIMOGES exclusivement.	DUPONT.		
La Gare de LIMOGES et la ville.	MAZARD.	ASTAIX.	**Limoges.**
De MEHUN exclusivement à BENGY inclusivement.	LHOMME.	PENAU.	**Bourges.**
De BENGY exclusivement au GUÉTIN exclusivement.	KONCE.	DUHOURS.	**La Guerche.**
Le GUÉTIN, agents de la Compagnie résidant à NEVERS.	ROBERT DE SAINT-CYR.	COMOY.	**Nevers.**
De MOULINS inclusivement à TRONGET exclusivement.	BERNARD.	BOUDET.	**Moulins.**
De TRONGET inclusivement à COMMENTRY inclusivement.	BARBRAU.	PANNETIER.	**Commentry.**

| CIRCONSCRIPTIONS MÉDICALES. | NOMS | | RÉSIDENCES DES MÉDECINS et DES PHARMACIENS. |
	DES MÉDECINS.	DES PHARMACIENS	
	MM.	MM.	
De COMMENTRY exclusivement à MONTLUÇON inclusivement.	DÉCHAUX.	MEILLET.	Montluçon.
D'ORLÉANS exclusivement à MÉNARS inclusivement.	DEBROU.	DUFOUR.	Orléans.
De MÉNARS exclusivement à AMBOISE inclusivement.	ARNOULD.	DURAND.	Blois.
D'AMBOISE exclusivement à SAINTE-MAURE exclusivement et jusqu'à NEUILLÉ inclusivement. (Ligne du Mans.)	MAUGERET.	VIOLLET	Tours.
TOURS et SAINT-PIERRE-DES-CORPS. TOURS, ateliers et traction.	CHARCELLAY. BRETONNEAU, méd. consult. DUCLOS.	BODARD et PLANTIER.	
De NEUILLÉ exclusivement à AUBIGNÉ inclusivement.	MANCEAU.	LEMONNIER.	Château-du-Loir.
D'AUBIGNÉ exclusivement au Mans.	LIZÉ.	REZÉ-DUVERGER.	Le Mans.
De TOURS exclusivement à LANGEAIS inclusivement.	RENAULT.	VIETTE.	Cinq-Mars.
De LANGEAIS exclusivement à VARENNES-SUR-LOIRE inclusivement.	CHICOYNE.	Pas de Pharmacien.	La Chapelle-s-Loire
De VARENNES-s.-LOIRE exclusivement à LA MÉNITRÉ inclusivement.	BOUCHARD.	GIRAULT et LEBRUN.	Saumur.
De LA MÉNITRÉ exclusivement à la POINTE inclusivement.	NÉGRIER, méd. honoraire. GUICHARD.	DELAGRAVE.	Angers.
De la POINTE exclusivement à ANCENIS exclusivement.	DE LA TOURETTE.	BOURON.	Chalonnes. Ingrandes-s.-Loire.
D'ANCENIS inclusivement à SAINTE-LUCE exclusivement.	PUIBAREAUD.	HAUTEREUX.	Ancenis.
De SAINTE-LUCE inclusivement à BASSE-INDRE inclusivement.	BARRÉ. LAMOUREUX.	BORNER-LECLAIRE.	Nantes.
De BASSE-INDRE exclusivement à SAVENAY inclusivement.	OHEIX.	METZINGER.	Savenay.
De SAVENAY exclusivement à SAINT-NAZAIRE exclusivement.	BENOIST	GUILLET.	Saint-Nazaire.
SAINT-NAZAIRE.	GUILLOUZO.		
De SAINTE-MAURE inclusivement à CHATELLERAULT inclusivemevnt.	MASCAREL.	MIRAMONT.	Châtellerault.
De CHATELLERAULT exclusivement à LIGUGÉ inclusivement.	GUÉRINEAU.	MALAPERT.	Poitiers.
De LIGUGÉ exclusivement à CIVRAY inclusivement.	AUTELLET.	SERPH.	Civray.
De CIVRAY exclusivement à VARS inclusivement.	GUILHAUD FILS.	GAUDIN.	Ruffec.
De VARS exclusivement à MONTMOREAU exclusivement.	CLAUZURE. CHAPELLE, méd. adjoint.	DULIGNON-DES-GRANGES.	Angoulême.

CIRCONSCRIPTIONS MÉDICALES.	NOMS		RÉSIDENCES DES MÉDECINS ET DES PHARMACIENS.
	DES MÉDECINS.	DES PHARMACIENS	
	MM.	MM.	
De Montmoreau inclusivement à Coutras exclusivement.	BANASTON.	CROUIGNEAU.	Chalais.
De Coutras exclusivement à Saint-Sulpice exclusivement.	PÉRÈS.	BESSON.	Libourne.
De Saint-Sulpice inclusivement à Bordeaux. (La Bastide.)	CHABRELY.	FAURES.	La Bastide.
Bordeaux ville.	PUYDEBAT, méd. consultant chargé du service de la ville.	CHABERT.	Bordeaux.
De Saint-Benoit inclusivement à Rouillé exclusivement.	BONNET.	MALAPERT.	Poitiers.
De Rouillé inclusivement à La Crèche inclusivement.	PLÉ.	CORBIN.	Saint-Maixent.
De La Crèche exclusivement à Surgères exclusivement.	DE MESCHINET.	BARAUD.	Niort.
De Surgères inclusivement à Roche-fort.	PHÉLIPPEAUX.	BOURDON.	Rochefort.
De la Rochelle à Aigrefeuile inclusivement.	PROS.	MESNIER.	La Rochelle.
De Courtras inclusivement à Saint-Médard inclusivement.	SOULÉ.	PINOT.	Coutras.
De Saint-Médard exclusivement à Mussidan inclusivement.	PIOTAY.	DEMOY.	Mussidan.
De Mussidan exclusivement à Péri-gueux exclusivement.	DE VALBRUNE.	BALDOU.	Saint-Astier.
Périgueux.	PARROT.		
De Périgueux exclusivement à Mil-hac inclusivement.	BARDY-DELISLE.	DULIGNON.	Périgueux.
De Milhac exclusivement à Terras-son inclusivement.	ARNAL.	RONDEAU.	Terrasson.
De Terrasson exclusivement à Brives inclusivement.	POMAREL.	EYROLLE.	Brive.
De Montauban à Penne exclusive-ment.	RIVAIROL.	LACROIX.	Montauban,
De Penne inclusivement à Laguépie inclusivement.	DEPEYRE.	DUTEMPS.	Saint-Antonin.
De Laguépie exclusivement à Ville-franche inclusivement.	BRAS.	LATAPIE-ANACRÉON.	Villefranche.
De Villefranche exclusivement à Capdenac inclusivement.	DELPECH.		
De Capdenac exclusivement à Saint-Christophe inclusivement.	MIQUEL.	BOYER.	Cransac.
De Saint-Christophe exclusivement à Rodez inclusivement.	SÉGURET.	ALBERQUE.	Rodez.

Paris, le 15 janvier 1861.

Proposé par le Médecin principal de la Compagnie,

Signé : Dr T. GALLARD.

Approuvé par le Directeur,

C. DIDION.

GARES ET STATIONS

POURVUES RÉGLEMENTAIREMENT D'UNE BOITE DE SECOURS.

Paris, gare des voyageurs, résidence médicale.
Paris, bureau central.
Paris, gare des marchandises, résidence médicale.
Choisy, bestiaux.
Choisy, voyageurs, résidence médicale.
Juvisy, bifurcation.
Corbeil, résidence médicale.
Savigny-s.-O., résidence médicale.
Saint-Michel, dépôt.
Étampes, résidence médicale.
Toury, dépôt.
Les Aubrais, bifurcation.
Orléans, résidence médicale.
Beaugency,
Mer.
Blois, résidence médicale.
Amboise.
Saint-Pierre-des-Corps, bifurcation.
Tours, résidence médicale.
Château-du-Loir, résidence médicale.
Le Mans, résidence médicale.
Sainte-Maure.
Les Ormes, dépôt.
Châtellerault, résidence médicale.
Poitiers, résidence médicale.
Lusignan, dépôt (arrêt des trains).
Saint-Maixent, résidence médicale.
Niort, résidence médicale.
Aigrefeuille, bifurcation.
La Rochelle, résidence médicale.
Rochefort, résidence médicale.
Civray, résidence médicale.
Ruffec, résidence médicale.
Angoulême, résidence médicale.
Montmoreau, résidence médicale.
Chalais, résidence médicale.
Coutras, résidence médicale.
Libourne, résidence médicale.
La Bastide, résidence médicale.
Bordeaux, bureau central, résidence médicale.
Mussidan, résidence médicale.

Saint-Astier, résidence médicale.
Périgueux, résidence médicale.
La Bachellerie.
Terrasson, résidence médicale.
Brives, résidence médicale.
Cinq-Mars, résidence médicale.
La Chapelle-s.-L., résidence médicale.
Port-Boulet.
Saumur, résidence médicale.
Angers, résidence médicale.
La Ménitré.
Chalonnes-Saint-Georges, résidence médicale.
Ancenis, résidence médicale.
Nantes, résidence médicale.
Nantes-La Bourse, résidence médicale.
Savenay, résidence médicale.
Saint-Nazaire, résidence médicale.
Lamotte-Beuvron, dépôt.
Salbris.
Vierzon, résidence médicale.
Vierzon-Forges, bifurcation.
Bourges, résidence médicale.
La Guerche, résidence médicale.
Le Guétin, résidence médicale.
Trouget.
La Presle, bifurcation.
Commentry, résidence médicale.
Montluçon, résidence médicale.
Issoudun.
Châteauroux, résidence médicale.
Argenton, résidence médicale.
La Souterraine, résidence médicale.
Bersac.
Limoges, résidence médicale.
Montauban, résidence médicale.
Saint-Antonin, résidence médicale.
Villefranche, résidence médicale.
Aubin, résidence médicale.
Viviers, dépôt.
Rodez, résidence médicale.

DÉNOMINATION DES DROGUES ET MÉDICAMENTS.	PRIX					
	500 grammes	100 grammes	30 grammes	5 grammes	1 gramme	5 centigr.
d'ammoniaque (esprit de Mindérérus).....	3 »	» 75	» 30	» 10	» 05	»
de plomb liquide...	1 25	» 30	» 10	»	»	»
de plomb cristallisé...	1 50	» 40	» 15	» 05	» 02	»
de potasse...	»	» 75	» 30	» 10	» 05	»
hlorhydrique.....	1 »	» 40	» 20	» 05	»	»
itrique.....	1 75	» 60	» 25	» 10	»	»
ulfurique.....	» 75	» 30	» 15	» 05	»	»
ulfurique alcoolisé...	»	1 25	» 40	» 10	» 05	»
artrique pulvérisé...	3 50	1 »	» 40	» 10	»	»
blanc pulvérisé...	»	1 50	» 60	» 15	»	»
e chêne non salpêtré...	4 50	1 10	» 40	» 10	»	»
de cochléaria comp.	3 »	» 75	» 25	» 05	»	»
de mélisse (eau de mélisse spiritueuse)...	3 »	» 75	» 25	» 05	»	»
de menthe poivrée...	3 »	» 75	» 25	» 05	»	»
vulnéraire...	2 50	» 60	» 20	» 05	»	»
pulvérisé...	»	»	» 30	» 10	» 05	»
pulvérisé...	2 »	» 50	» 20	» 05	» 03	»
calciné...	2 50	» 60	» 25	» 10	» 05	»
...	» 75	» 25	» 10	»	»	»
iaque liquide...	1 »	» 50	» 20	» 05	»	»
emences)...	1 50	» 60	» 20	» 05	»	»
ine diaphorétique...	»	»	» 60	» 20	» 10	» 02
et arséniates...	»	»	»	»	» 35	» 05
tida pulvérisé...	»	»	» 50	» 10	» 05	»
préparée...	1 75	» 50	» 20	»	»	»
du commandeur...	5 »	1 10	» 40	» 15	»	»
de Fioraventi...	7 »	1 25	» 50	» 15	»	»
opodeldoch...	»	1 25	» 75	»	»	»
tranquille...	3 »	» 75	» 25	» 10	»	»
e pulvérisée...	3 »	1 »	» 60	» 20	» 05	»
(feuilles)...	2 »	» 60	» 25	»	»	»
de cacao...	»	»	» 75	» 20	»	»
nate de soude pulvérisé.	1 »	» 30	» 15	» 05	»	»
de soude pulvérisé...	4 »	» 75	» 30	» 10	» 05	»
ons de sapin...	2 40	» 60	» 25	» 05	»	»
e entier...	3 50	» 80	» 30	» 10	»	»
pulvérisé...	4 »	1 10	» 40	» 15	» 05	»
e de Chine pulvérisé...	»	1 50	» 50	» 15	» 05	»
ate d'ammoniaque...	2 60	» 75	» 30	» 10	» 05	»
de fer (safran de Mars apéritif)...	»	1 50	» 60	» 10	» 05	»
de magnésie...	»	1 50	» 60	» 10	» 05	»
de potasse purifié...	»	1 »	» 40	» 10	» 05	»
de soude cristallisé...	» 40	» 10	» 05	»	»	»
ans eau...	3 50	» 80	» 30	» 05	»	»
blanc...	3 »	» 60	» 20	» 05	»	»
saturné...	3 »	» 60	» 20	» 05	»	»
oufré...	3 »	» 60	» 20	» 05	»	»
n pulvérisé...	»	» 75	» 30	»	»	»
e...	5 »	1 25	» 50	»	»	»
orme pur...	»	2 75	1 »	» 30	» 10	»
re de soude liquide (la bou-, verre compris, 0 75)...	» 40	» 20	» 10	»	»	

DÉNOMINATION DES DROGUES ET MÉDICAMENTS.	PRIX					
	500 grammes	100 grammes	30 grammes	5 grammes	1 gramme	5 centigr.
Chlorate de potasse...	»	2 »	» 75	» 20	» 05	»
Chlorure (Per-) de fer liq. au 30°...	»	1 50	» 50	• 20	» 05	» 02
— de chaux solide...	1 »	» 30	» 10	»	»	»
Collodion...	12 »	3 »	1 »	» 20	»	»
Crème de tartre soluble...	»	1 10	» 40	» 10	» 05	»
Créosote pure...	»	»	»	» 75	» 15	» 05
Cyanure de mercure...	»	»	»	2 50	» 75	» 10
— de potassium fondu...	»	»	»	2 50	» 75	» 10
Dattes...	1 50	» 40	» 15	»	»	»
Décoction blanche...	» 60	» 60	» 60	»	»	»
Dextrine...	1 »	» 40	» 20	»	»	»
Digitale pulvérisée...	»	1 75	» 75	» 20	» 10	»
Eau distillée simple...	» 25	» 10	» 05	»	»	»
— de fleur d'oranger...	»	» 60	» 25	» 05	»	»
— de laurier cerise...	»	» 60	» 25	» 05	»	»
— de menthe...	»	» 30	» 12	»	»	»
— de rose...	»	» 30	» 12	»	»	»
— de chaux...	» 20	» 10	» 05	»	»	»
— de goudron...	» 30	» 10	» 05	»	»	»
— de rabel...	» 25	1 20	» 40	» 10	» 05	»
— végéto-minérale...	» 25	» 10	» 05	»	»	»
— de-vie allemande...	»	1 25	» 50	» 15	» 05	»
— de-vie camphrée...	1 50	» 40	» 15	»	»	»
Eau de Sedlitz, à 32 gr. la bout. verre non compris, 0f,60 ; à 48 gr., 0,70 ; à 90 gr., 0,75.	»	»	»	»	»	»
Ecorce de racine de grenadier entière, sèche...	»	1 10	» 40	» 15	»	»
— pulvérisée...	»	1 50	» 60	» 20	»	»
Electuaire diascordium...	»	1 75	» 60	» 20	» 05	»
— thériaque...	»	1 20	» 40	» 10	»	»
Emplâtre de ciguë...	»	1 20	» 40	» 10	»	»
— diachylon...	»	» 90	» 30	» 05	»	»
— diapalme...	»	» 90	» 30	» 05	»	»
— de savon...	»	» 90	» 30	» 05	»	»
Eponges cirées...	»	4 »	1 40	» 30	»	»
— ficelées...	»	4 »	1 40	» 30	»	»
Espèces amères...	»	» 50	» 20	» 05	»	»
— anthelminthiques...	»	» 50	» 20	» 05	»	»
— aromatiques...	1 20	» 50	» 20	» 05	»	»
— sudorifiques...	2 40	» 75	» 25	» 05	»	»
Essence de térébenthine...	1 »	» 30	» 10	»	»	»
Ether sulfurique rectifié...	6 »	1 50	» 60	» 25	»	»
Euphorbe en poudre...	»	1 50	» 50	» 15	» 05	» 01
Extrait d'aconit...	»	»	2 45	» 50	» 10	» 02
— de belladone...	»	»	2 »	» 40	» 10	» 02
— de ciguë...	»	»	2 »	» 40	» 10	» 02
— de digitale...	»	»	2 »	» 40	» 10	» 02
— de gentiane...	8 »	3 »	1 50	» 40	» 10	»
— de jusquiame...	»	»	3 »	» 50	» 10	» 03
— de noix vomique...	»	»	5 »	1 40	» 40	» 05
— d'opium gommeux...	»	»	15 »	2 50	» 60	» 05
— de quinquina mou par inf...	»	»	5 »	1 20	» 30	» 05
— de ratanhia...	»	»	5 »	1 »	» 25	» 05

PRIX

DÉNOMINATION DES DROGUES ET MÉDICAMENTS.	500 grammes	100 grammes	30 grammes	5 grammes	1 gramme	5 centigr.
Extrait de rhubarbe	»	»	5 »	» 90	» 25	»
— de salsepareille.	»	»	4 »	» 75	» 20	»
— de stramonium	»	»	2 »	» 50	» 10	» 02
— de valériane	»	»	2 »	» 50	» 10	» 02
Farine de lin pure......	» 50	» 15	»	»	»	»
— de riz	» 90	» 25	» 10	»	»	»
Figues.........	1 »	» 25	» 10	»	»	»
Fécule de pommes de terre ..	» 50	» 15	»	»	»	»
Fer réduit par l'hydrogène. .	»	»	2 »	» 50	» 10	»
Gomme adragante pulvérisée ..	»	4 »	1 50	» 50	» 15	» 05
— ammoniaque	»	2 »	» 80	» 25	» 10	»
— arabique entière	2 »	» 45	» 15	»	»	»
— — pulvérisée...	3 »	» 60	» 20	» 10	»	»
Graine de lin.	» 40	» 10	»	»	»	»
Gruau.........	» 60	» 15	» 05	»	»	»
Huile d'amandes douces....	3 25	» 75	» 25	»	»	»
— camphrée....	3 25	» 75	» 25	»	»	»
— de camomille	3 25	» 75	» 25	»	»	»
— de croton tiglium ...	»	»	»	1 50	» 50	» 05
— de foie de morue....	2 »	» 60	»	»	»	»
— d'olive......	»	» 40	» 15	»	»	»
— de ricin......	»	» 60	» 25	»	»	»
Infusions en général.....	» 50	» 25	»	»	»	»
Iode et iodures......	»	6 »	2 75	» 50	» 12	» 02
Ipécacuanha pulvérisé ...	»	»	»	1 »	» 25	»
Jalap pulvérisé.	»	2 75	1 »	» 20	» 05	»
Julep calmant du Codex...	»	» 50	»	»	»	»
— gommeux — ...	»	» 50	»	»	»	»
Kermès minéral.	»	»	» 75	» 25	» 04	
Laudanum liquide de Sydenham.	18 »	4 »	2 »	» 40	» 08	» 02
— de Rousseau....	20 »	5 »	2 50	» 50	» 10	» 02
Lichen d'Islande mondé....	1 20	» 30	» 10	»	»	»
Liniment volatil......	»	» 70	» 30	»	»	»
— camphré.....	»	» 75	» 30	»	»	»
Liqueur de Fowler ou de Péarson.	»	2 »	» 75	» 30	» 10	»
— d'Hoffmann.....	»	1 50	» 60	» 20	» 10	»
— de van Swiéten	» 75	» 40	» 20	»	»	»
Magnésie calcinée	6 »	1 80	» 60	» 25	» 10	»
Manne en sorte.......	»	» 75	» 30	»	»	»
Mercure doux à la vapeur...	»	4 »	2 »	» 40	» 15	» 03
— précipité blanc....	»	3 »	1 50	» 35	» 10	» 02
— rouge....	»	4 »	2 »	» 50	» 15	» 03
— sublimé corrosif....	»	4 »	2 »	» 40	» 15	» 03
Miel commun pour lavement..	» 75	» 20	» 05	»	»	»
— mercurial	2 50	» 60	» 25	»	»	»
— rosat........	2 75	» 75	» 30	»	»	»
— scillitique......	2 70	» 70	» 25	»	»	»
Morphine et ses sels.....	»	»	»	6 »	2 »	» 20
Moutarde pulvérisée......	» 75	» 20	» 05	»	»	»
Mousse de Corse......	2 50	» 75	» 30	»	»	»
Musc.........	»	»	»	»	5 »	» 30
Nitrate acide de mercure liquide	»	3 »	1 25	» 30	» 10	»
— d'argent cristallisé ou fondu	»	22 »	8 »	1 50	» 40	» 05
— de potasse.....	1 80	» 60	» 25	» 05	»	»
— de bismuth (sous-)...	12 »	3 »	1 80	» 35	» 10	»
Onguent basilicum.....	2 40	» 60	» 20	»	»	»
— citrin.......	4 »	» 90	» 30	»	»	»
— épispastique.....	5 »	» 25	» 50	» 15	»	»

PRIX

DÉNOMINATION DES DROGUES ET MÉDICAMENTS.	500 grammes	100 grammes	30 grammes	5 grammes	1 gramme
Onguent de garou	5 »	1 25	» 50	» 15	»
— gris	3 »	» 75	» 30	»	»
— de la mère	3 »	» 75	» 30	»	»
— mercuriel double ...	6 »	1 50	» 60	» 15	»
— populéum.....	2 80	» 75	» 30	»	»
— de styrax	3 »	» 75	» 30	»	»
Opium brut.......	»	»	»	»	»
Orge mondé	» 45	» 15	» 05	»	»
— perlé	» 50	» 20	» 05	»	»
Oxyde de fer noir.....	3 »	1 25	» 50	» 15	» 03
— de fer rouge hydraté. ..	3 »	1 25	» 50	» 15	» 03
— blanc d'antimoine	»	»	» 60	» 20	» 10
— de mercure rouge	»	5 »	2 »	» 40	» 12
— de zinc sublimé	»	2 »	» 90	» 25	» 10
Oxymel simple	2 50	» 60	» 25	»	»
— scillitique	2 75	» 70	» 25	»	»
Pastilles d'ipécacuanha, de ker-	»	»	»	»	»
mes, de Tolu	»	» 75	» 30	»	»
— de soufre......	2 50	» 60	» 25	»	»
— de Vichy	2 50	» 60	» 25	»	»
Pâte arsenicale de Dupuytren .	»	»	» 70	» 35	» 10
— de Rousselot..	»	»	» 70	» 35	» 10
Pavots (tête de), 5 c...	»	»	»	»	»
Phosphate de soude	3 »	» 75	» 30	» 10	»
Pilules de Beloste, écossaises, de cynoglosse, de Meglin, de Fuller, de térében-thine, de savon à 0,05 la pilule et 2 f. 50 le cent.	»	»	»	»	»
— ferrugineuses, formule Va-let (Idem)	»	»	»	»	»
— d'extrait d'opium, de 5 centigr., la pièce 05 c., le cent 3 fr.	»	»	»	»	»
Plante indigènes, feuilles mondées	1 50	» 50	» 18	»	»
— — fleurs —	3 50	» 75	» 25	»	»
— — racines —	1 25	» 40	» 15	»	»
Poudres.	»	»	»	»	»
Pommade camphrée	3 »	» 75	» 30	»	»
— d'Helmerich	3 »	» 75	» 30	»	»
— de Gondret	»	1 40	» 50	» 15	»
Potasse caustique	»	»	»	» 50	» 25
Potion calmante du Codex ...	»	» 50	»	»	»
— gommeuse — ...	»	» 50	»	»	»
— contre la colique (formule du docteur Bisson).	»	» 30	»	»	»
Poudre de Dower	»	»	2 25	» 60	» 15
— de tan	1 »	» 30	» 15	»	»
Quassia amara entier	»	» 60	» 20	» 10	»
Quinquina gris entier	5 »	1 75	» 50	» 20	»
— pulvérisé ...	6 »	2 »	» 70	» 20	»
— jaune entier (callisaya)	14 »	3 »	1 »	» 25	»
— pulvérisé ...	16 »	3 50	1 25	» 30	»
Queues de cerises	2 »	» 50	» 20	»	»
Racine de ratanhia entière ..	4 50	1 »	» 40	»	»
— pulvérisée..	5 »	1 50	» 60	» 15	»
— de réglisse	1 »	» 30	» 10	»	»
— de chiendent.....	1 »	» 30	» 10	»	»
— de gentiane	» 50	» 25	1 10	»	»
Résine de jalap	»	»	»	1 25	» 30

DÉNOMINATION ROGUES ET MÉDICAMENTS.	PRIX 500 grammes	100 grammes	30 grammes	5 grammes	1 gramme	5 centigr.
rbe de Chine entière . . .	»	»	» 70	25	» 10	»
de Chine pulvérisée. .	»	»	1 »	» 40	» 10	»
ondé	» 60	» 20	» 10	»	»	»
entier	»	»	6 »	1 25	» 30	» 05
pulvérisé.	»	»	»	2 »	» 50	» 10
areille coupée	3 »	» 75	» 25	»	»	»
nes, prix approximatif 0,25.	»	»	»	»	»	»
médicinal.	»	» 75	» 30	» 05	»	»
monée pulvérisée. . . .	»	»	»	1 »	» 40	» 05
ergoté, pulvérisé exprès .	»	»	2 »	» 50	» 25	»
pulvérisé . . .	»	2 »	» 75	» 25	» 10	»
mmoniac purifié, pulvérisé .	3 »	» 75	» 30	» 10	»	»
arin purifié.	» 25	» 10	»	»	»	»
nitre.	1 80	» 50	» 20	» 05	»	»
feuilles mondées	»	» 75	» 30	» 10	»	»
follicules —	»	2 »	» 75	» 15	»	»
contra, entier . . .	» 75	» 30	» 10	»	»	»
pulvérisé . . .	»	1 10	» 40	» 10	»	»
(*) d'acétate de morphine.	»	» 90	» 30	»	»	»
antiscorbutique . .	2 »	» 30	» 15	»	»	»
de chicorée composée. .	»	» 50	» 20	»	»	»
des cinq racines. . . .	2 »	» 45	» 15	»	»	»
de coings	2 »	» 45	» 15	»	»	»
diacode	»	» 50	» 20	»	»	»
de digitale.	2 »	» 45	» 15	»	»	»
de gentiane	1 50	» 40	» 15	»	»	»
de gomme	1 25	» 30	» 10	»	»	»
d'iodure de fer. . . .	2 »	» 50	» 15	»	»	»
d'ipécacuanha	»	» 60	» 20	»	»	»
de mûres.	»	» 35	» 15	»	»	»
de quinquina	2 50	» 60	» 20	»	»	»
sublimé	» 50	» 15	» 05	»	»	»
nine et ses sels.	»	»	»	2 »	» 25	
e réglisse noir	2 »	» 50	» 20	»	»	»
e de fer pur	1 50	» 50	» 20	»	»	»

DÉNOMINATION DES DROGUES ET MÉDICAMENTS.	PRIX 500 grammes	100 grammes	30 grammes	5 grammes	1 gramme	5 centigr.
Sulfate de magnésie	» 75	» 25	» 15	»	»	»
— de quinine.	»	»	15 »	3 »	» 75	» 05
— de potasse pulvérisé. . .	1 20	» 50	» 20	»	»	»
— de soude	» 60	» 20	» 10	»	»	»
— de zinc pur	3 »	» 90	» 40	» 15	» 05	»
Sulfure d'antimoine pur	4 »	1 »	» 40	» 15	» 05	»
— de potasse sec	1 20	» 30	» 12	» 05	»	»
— — liquide . .	» 70	» 25	» 10	»	»	»
Tamarins	1 60	» 50	» 20	» 05	»	»
Tannin pur	»	»	3 »	» 75	» 20	» 05
Tartre stibié	» »	»	»	» 50	» 15	» 05
Teinture d'aloès	»	» 75	» 25	»	»	»
— de colchique.	»	1 25	» 45	» 20	»	»
— de digitale	»	1 »	» 40	» 15	»	»
— — éthérée.	»	2 »	» 75	» 25	»	»
— de gentiane (le litre, 5 fr.)	3 »	» 75	» 30	»	»	»
— d'iode	8 »	2 »	» 75	» 15	»	»
— de jusquiame	»	1 »	» 40	» 10	»	»
— de quinquina	»	1 10	» 45	» 15	»	»
— de rhubarbe.	»	1 10	» 45	» 15	»	»
— de scille	»	1 »	» 40	»	»	»
— de valériane.	»	1 »	» 40	»	»	»
Térébenthine fine.	2 50	» 75	» 10	»	»	»
Thridace	»	»	2 »	» 60	» 30	»
Vin d'absinthe.	1 10	» 30	» 10	»	»	»
— de gentiane	1 »	» 30	» 10	»	»	»
— antiscorbutique	1 25	» 40	» 15	»	»	»
— aromatique	1 25	» 40	» 15	»	»	»
— de colchique	»	1 »	» 40	»	»	»
— diurétique amer.	»	» 75	» 30	»	»	»
— de quinquina	2 »	» 50	» 20	»	»	»
— scillitique.	»	1 »	» 40	»	»	»
Vinaigre blanc.	» 60	» 12	» 05	»	»	»
— des quatre voleurs.	2 »	» 60	» 20	»	»	»
— scillitique.	2 »	» 75	» 30	»	»	»

OBJETS DIVERS.

lles à suture, la pièce 0,40; la douzaine. . . . . 3 »
areil à fracture du bras. . . . . 5 »
   — de la jambe. . . . . 10 »
   — de la cuisse. . . . . 15 »
les, la pièce, de 0,20 à. . . . . » 60
simple, suivant les localités, de 0,40 à. . . . . » 70
age herniaire simple, la pièce. . . . . 6 »
   — double. . . . . 9 »
   — ombilical. . . . . 9 »
es roulées, le mètre. . . . . » 25
acé, en coutil, la pièce. . . . . 6 »
en caoutchouc, la pièce. . . . . 8 »
illes, la paire. . . . . . 24 »
es et sondes, la pièce 0 60; la douzaine, de 7 à. . . . . 8 »

Charpie fine, le demi-kilogramme. . . . . 5 »
Compresses, la douzaine, de 1 fr. 50 à. 2 50
Coussins à fracture, la pièce. . . . . » 75
Drap fanon, avec rubans. . . . . 5 »
Diachylon, la bande. . . . . 1 »
Emplâtre, vésicatoire et autres : de 1 à 5 centimètres de diamètre, 0 fr. 25; et 5 centimes par centimètre de diamètre jusqu'à 20 centimètres; puis 10 centimes par chaque centimètre ajouté au diamètre au delà de 20 centimètres.
Épingles, le cent. . . . . » 50
Fil à ligature, la pelotte. . . . . » 25
Papier brouillard, la main. . . . . » 50
Suspensoirs en coutil gris, la pièce. . . . . » 75
Taffetas d'Angleterre, la pièce. . . . . »

rA. Les sirops dont le prix des 500 grammes n'est pas indiqué ne pourront être donnés autrement que dans des potions. — Tous ceux qui ne ... pas au Tarif pourront être refusés par le pharmacien; s'il les délivre, ils seront taxés au prix du sirop de gomme.

PARIS. — IMPRIMERIE CENTRALE DES CHEMINS DE FER DE NAPOLÉON CHAIX ET Cⁱᵉ 20, RUE BERGÈRE. — 3527

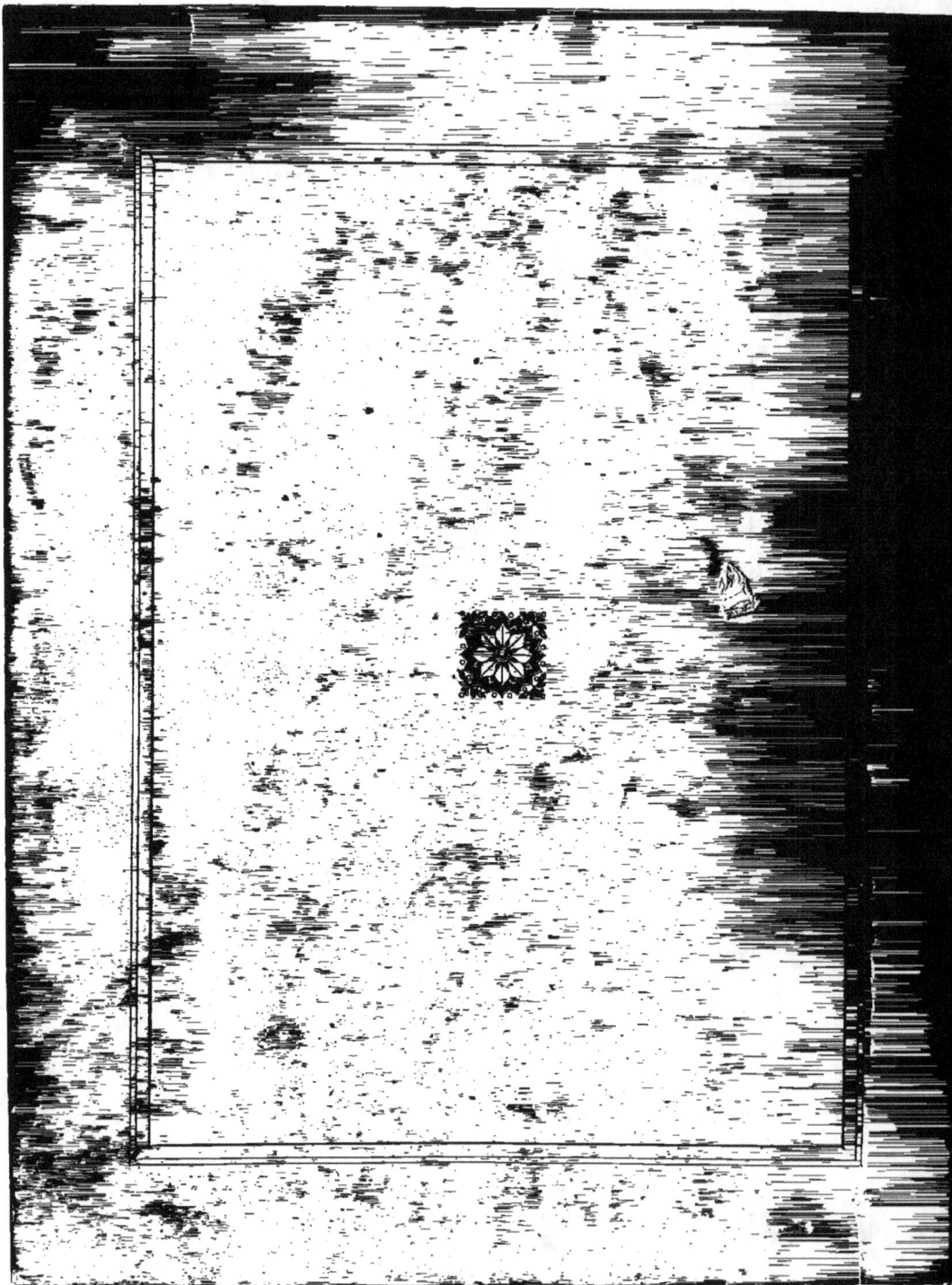

www.ingramcontent.com/pod-product-compliance
Lightning Source LLC
Chambersburg PA
CBHW070854280326
41934CB00008B/1435